U0525735

"海外宁波学"译丛编委会

总主编：徐 方
主 编：陈 印 傅 晓
执行主编：蔡骋宇 蔡 亮

编委会委员（以拼音为序）：

程继宏　龚缨晏　郭国良　郭永恩　江　静　康红磊　李广志
李先瑞　刘晓芳　卢　川　卢　植　孙肖波　王　勇　王建平
文　炳　吴承义　吴光辉　张　琛　张龙妹　郑佩芸

宁波 文化之都

"海外宁波学"译丛

【日】早坂俊广 —— 编

【日】小岛毅 —— 监修　　蔡蕾　李广志 —— 译

ZHEJIANG UNIVERSITY PRESS
浙江大学出版社
·杭州·

图书在版编目（CIP）数据

文化之都：宁波 /（日）早坂俊广编；蔡蕾，李广志译；（日）小岛毅监修. -- 杭州：浙江大学出版社，2025.1. -- ISBN 978-7-308-25488-5

Ⅰ．K295.53

中国国家版本馆 CIP 数据核字第 2024UX1582 号

東アジア海域に漕ぎだす 2　文化都市　寧波，早坂俊廣編，小島毅監修，東京大学出版会

Ningbo:Its Cultural Memories and Records

©2013 Toshihiro Hayasaka, Editor

ISBN 978-4-13-025142-6　Printed in Tokyo

浙江省版权局著作权合同登记图字：11—2024—254

文化之都：宁波

（日）早坂俊广　编，（日）小岛毅　监修；蔡蕾　李广志　译

丛书策划	张　琛
责任编辑	卢　川
责任校对	谢　焕
封面设计	VIOLET
出版发行	浙江大学出版社
	（杭州市天目山路148号　邮政编码　310007）
	（网址：http://www.zjupress.com）
排　　版	杭州林智广告有限公司
印　　刷	浙江省邮电印刷股份有限公司
开　　本	880mm×1230mm　1/32
印　　张	7.625
字　　数	180千
版 印 次	2025年1月第1版　2025年1月第1次印刷
书　　号	ISBN 978-7-308-25488-5
定　　价	68.00元

版权所有　侵权必究　　印装差错　负责调换

浙江大学出版社市场运营中心联系方式：0571-88925591；http://zjdxcbs.tmall.com

"海外宁波学"译丛总序

吴 光[*]

和羹之美，在于合异。国家主席习近平高度重视文明交流互鉴的作用，强调文明交流互鉴是推动人类文明进步和世界和平发展的重要动力，并向国际社会郑重提出全球文明倡议，倡导尊重世界文明多样性、弘扬全人类共同价值、重视文明传承和创新、加强国际人文交流合作。和谐共生、美美与共的新文明观表达了中国人民促进人类文明进步的赤诚之心，也呼唤着推动文明交流互鉴互学、全面践行中国承诺的文化自觉与自信。

宁波自古以来处于中华文明与世界其他文明交流互鉴的最前沿，在亚洲文明形成和东西方文明交融的过程中，发挥着极其独特的作用。宁波既是中国大运河南端的出海口，也是海上丝绸之路的东方起碇港，得天独厚的海洋区位优势和源远流长的开放文化基因共同塑造了宁波的与众不同。凭借独特的地理、社会与人文优势，通过先民的人口移动、商贸来往、文化交流等方式，宁波亲历了东西方文明的

---

[*] 本文作者系浙江省社会科学院二级研究员，浙江省文史研究馆馆员，国际儒学联合会荣誉顾问。

交流互鉴，促进了东亚文化圈的同构共建。宋时明州造神舟"远出大洋"，"朝夕不绝"；明清以王阳明、朱舜水、黄宗羲等为代表的浙东文化思想远播世界；自明末清初，宁波商帮"卓苦勤劳""坚确慷慨"，向海而生……溯历史之源，循文化之根，宁波是中国沟通世界的重要枢纽，也是世界读懂中国的重要窗口。

宁波是古丝路文明的"活化石"和新丝路传奇的书写者。文明交流、互鉴互学谱写了宁波文明积淀和文明成长的主旋律，在声势日隆的世界中国学研究领域，以宁波及其腹地浙东为代表的中华海洋文明、中华商贸文明穿越文明交流互鉴的历史长河，绽放为一朵璀璨之花，共绘出中国学园地的繁华盛景，为繁荣世界文明百花园注入了思想和文化的活力。"海外宁波学"即重点研究总结宁波在文明交流中展现的人类共同价值与宝贵经验，从学理上支撑"宁波学"研究的框架体系，从而丰富世界中国学研究的内涵和特色。"海外宁波学"译丛旨在发挥宁波处于东亚儒家文化圈核心地带和东西文化交汇枢纽要地的传统优势，挖掘海外研究宁波的珍贵著作、文献，整理和译介世界各地"宁波研究"系列成果，梳理中华文明经由宁波辐射东亚、传播世界的历史脉络，凸显宁波在中外文明交流中的摆渡者与领航者形象。

海外学者历来对宁波情有独钟。1856年，美国作家、外交家和诗人贝亚德·泰勒（Bayard Taylor）按捺不住初见天童寺时的欣喜之情，"古镇塔林庙宇环绕其间，是一扫数日阴霾的暖心召唤"。1877年，德国地理学家费迪南·冯·李希霍芬（Ferdinand von Richthofen），"丝绸之路"概念的首创者，讴歌宁波人具有"对大事件的热忱和大企业家精神"。1903年，旅华英国人亨林·托马斯·韦德（Henling Thomas Wade）在宁波游记中绘制了《宁波乡间图》，宁波最早的旅游指南就此诞生。1909年，慕雅德（Arthur Evans Moule）把宁波人耳熟能详的"走遍天下，不如宁波江厦"翻译为英文，并向世界隆重地推荐宁波。1986年至1995年，日本著名阳明学家、九州大学名誉教授冈田武先生七次率团来华寻访王阳明遗迹，其中四至余姚，二至宁波，后征集300余名日本友好人士捐资参与余姚王阳明故居瑞云楼和绍兴洪溪王阳明墓的修复，成为中日人民间文明交流互鉴的典范式样板。当代日本汉学家、东京大学教授小岛毅先生则聚焦宁波与日本在生活世界的连接，曾云："丰富多彩的交流活动对于日本传统文化构建具有决定性的作用。"在不胜枚举的海外宁波学相关文献中，特别引起我们强烈共鸣的是"Hub"一词，该词很好契合了宁波在中外古代交流史上的重要作用。

"Hub"在英文中有接收和传输"中心"的意思，功能类似于集线器。该词源于以东京大学小岛毅教授和广岛大学冈元司副教授为核心的研究项目，"东亚海域交流与日本传统文化的形成——以宁波为中心的观察"（简称"宁波计划"）。"宁波计划"用"Hub"隐喻宋代以后宁波的地域文化特性以及宁波作为中国对外文化传播中心的地位。"宁波计划"从2005年开始实施，汇聚了来自日本及海外60多所大学的100多位知名学者，其中一些日本学者多次到宁波实地参访，开展田野研究。丛书以日本当代中国文化研究者的角度系统呈现了宁波的对外交流史，并从历史文化、日常生活、文物古迹等方面考证了古代宁波多元文化元素在东亚地区的传播及其对区域国家的文化促进作用，具有极高的学术价值。丛书编辑历时近20年，目前已由东京大学出版社和汲古书院刊发20多卷，内容涉及历史学、思想史等十多个领域，填补了21世纪海外以国家工程形式推动中国学研究的空白，为海外宁波学研究提供了强有力的文献参考和佐证，这也是本译丛首辑选译该丛书代表著作的原因。

"海外宁波学"译丛在宁波市委宣传部统筹下，由宁波市社科院、浙大宁波理工学院"宁波市东亚文化研究中心"，会同浙江大学出版社等单位共同成立译丛编委会。编委会成员除了浙江（宁波）的学者，还包括国内外多个学科领域的专家、翻译家和学者。他们在作品遴选、版权联系、译文校订等方面付出了很多艰辛的劳动。译丛的出版将进一步推动"海外宁波学"的学术研究，讲述好文明交流互鉴中的宁波故事，彰显宁波国际港城的非凡魅力。

东海共西海，我心归四明。践行全球文明倡议就是用行动搭建人与人心灵和情感的桥梁。相信"海外宁波学"译丛的出版，必将成为学术界及大众解读世界与中国，了解世界与宁波，理解历史与当下，推动文明交流互鉴与文明成果转化的一项重大实践，并将进一步推进宁波与世界各地历史人文的交流和经贸文化的合作。

前言　写在出版之际

日本与中国和朝鲜半岛的交流史之于日本，究竟具有怎样的意义？

我们希望通过日常的经济和文化交流构筑东亚各国之间更加密切的关系。但是，如何能进一步加深彼此间的相互理解？这个问题仍亟待解决。为了构筑彼此间更加良好的关系，我们有必要回顾过去，了解日本列岛与中国、朝鲜半岛共同交织的这片海域走过怎样的历史路程，又如何影响了现在的日本文化。基于共同研究的成果，本书旨在揭示东亚海洋交流的诸多形态，并梳理日本传统文化形成的过程。

遣唐使时期的交流通过教科书等媒介为人们所熟知，社会对此也关注备至。另外，虽然历史观各不相同，但也有不少图书向一般大众讲述了近代以来那段"不幸的历史"。然而，对于从公元894年日本废除遣唐使制度直至1894年甲午战争爆发期间的日中和日朝交流，有人略知一二，但大多数人都十分陌生。

本书的研究对象正是这一千年。在这一千年的岁月里，日本与中国及朝鲜半岛虽然没有建立正式邦交，但彼此间仍开展了丰富多彩的交流活动。本研究意在清晰揭示这些丰富多彩的交流活动对日本传统文化的构建所起的决定性作用。我们将已经明确的个别事例与其历史经纬关联起来进行解读，想必会让读者们耳目一新。读罢本书，大家对世界的认知无疑会大为改观。

日本东京大学教授、中国史学者

小岛毅

序言　文化之都宁波

欢迎来到东亚的中心港城——宁波

　　大家听说过"宁波"这座城市吗？宁波，地处中国，位于上海市的南面，现实中知道宁波这个城市的应该会比较少，除非是对中国特别了解的人。但笔者在这里想问大家的其实是，当看到"宁波"这两个汉字时，脑海中第一反应出来的日语读音是什么。大部分的人应该都会说"肯定是Ningpo（ニンポー）"。说到这里，就需要大家来思考一下。由于不想让话题变得更为复杂，这里就不列举诸如厦门"Amoi（アモイ）"、香港"Honkon（ホンコン）"等城市的读音，我们把范围限定在浙江省内。许多读者应该都知道宁波附近、大文豪鲁迅的故乡绍兴"Syokou（しょうこう）"，拥有世界文化遗产——西湖的浙江省省会杭州"Kousyu（こうしゅう）"这两个城市的读音。那么，为什么只有宁波的发音并不是按照日语发音的"Neiha（ねいは）"，而是近似中文发音的"Ningpo（ニンポー）"呢。

　　究其缘由，其一，宁波是与日本拥有密切且直接关联的城市。正因如此，即使是那些听到绍兴和杭州的中文发音，一时半会儿反应不出这是哪座城市的人，听到"Ningpo（ニンポー）"还是能立刻领会这是哪里。正如在日本的大学入学考试科目"日本历史"的考题中"宁波"这个名字经常出现，这座城市在日本历史方面占据了极其重要的位置。特别是9世纪以来，它作为与日本从事贸易的中国窗口城市日益繁荣：一方面，中国的书籍、画册、铜钱、陶器等物品纷纷由这里进入日本；另一方面，日本将金、漆、刀等货物经过这里运进中国内陆。平安时代的最澄，镰仓时代的荣西、道元，室町时代的雪舟等僧侣，均是从这个港口进入中国。在宋日、明日贸易时期，宁波仍然作为中国方面的对外通商城市继续开放，即便是在对外交往受到限制的江户"闭关锁国"时期，中国的船只依然能从宁波出发进入日本主要对外开放港口——长崎。因此，通过阅读本书，读者应该能对自古以来就与日本密切相关的宁波这座城市有更为充分的了解。

那么，就让我们首先了解一下这个城市的位置，可以发现，宁波是整个东亚地区的一个重要枢纽。这里，联结了沿海、内陆与海外。虽然宁波并不处于直接临海的位置，但它与船只可通行的河流相接，因而利用海路，联结以渤海、黄海为界的朝鲜半岛、日本；又凭借河流与内陆相接，通过运河，经由绍兴、杭州，联结黄河流域与京城方向。正如"hub airport"（中心航空港）这个词所描述的，所谓的"中心"，简单而言就是"中轴、枢纽"的意思。笔者想，在这里用这个词语来形容宁波具有双重含义，即作为诸多区域联结点、中转站的"宁波"，与作为许多物资汇集在这里，又从这里出发被运去各地的历史文化宝库的"宁波"。宁波，身处交通要塞，不仅具有作为国内外物资集散地的功能，也发挥了联结周边地区的学术文化及信息的重要作用——这座城市曾经是东亚海域交流的中心。

但是，如果就中国历史角度而言，宁波虽然历史悠久，但从来没有成为过国都，仅仅作为一个地方性城市而存在。宁波，在秦汉时设置鄞县，属会稽郡。隋朝时历经改制，在唐开元年间被称"明州"。"明州"这个地名的由来，源自现在的四明山。在五代及宋朝时期，宁波依然沿用"明州"这一名称。南宋庆元年间，宁波的行政区划由州升为府，名称也由"明州"改为"庆元府"。此后，在明朝初期一度又改称"明州府"，直至洪武年间改为"宁波府"，"宁波"这一名称一直沿用至今。宁波是自宋朝开始便飞速发展的城市，虽然曾是具有地方行政功能的城市，也是与海外贸易的要塞之地，但未必可以说宁波是一座在中国历史上值得特别着墨书写的杰出城市。因此，本系列"东亚海域交流与日本传统文化形成"的图书，将三分之一的篇幅（本系列图书六卷中的两卷）用于探讨这座城市的意义，可能对于一般的读者来说有些费解，但在读完后，如果读者能切实感受到宁波这座城市的重要性，那本书的目的也算达成了。

无论从地理位置还是历史的角度而言，宁波与日本的关联性不言而喻。上文所提及的"中心"一词，就是指宁波在与日本的关系中有着极其重要的作用。在理解这一点的基础上，笔者想简单论述将中国的宁波这座城市作为本系列图书第二卷与第三卷焦点的目的所在。换言之，就是先将其与日本的关系囊括在内，再重新聚焦于这座城市的意义。

就第二卷图书《文化之都：宁波》而言，宁波通过古代科举考试的学生数量与其他城市相比出类拔萃，这片孕育了众多学者的土地，在文化与经济方面相当繁荣，因此各种各样的"笔记"被书写出来并保存完整，这是宁波的一大特色。特别是名门望族史氏一族在南宋时期就出了三位宰相，此后宁波也孕育了众多著名的文人、政治家和思想家。宁波及其近郊出身的著名学者，包括南宋硕儒王应麟、阳明学鼻祖明朝的王守仁（王阳明）、作为明朝遗民之后寄寓日本水户藩的朱舜水、被誉为"中国卢梭"的黄宗羲等。弥漫着文化清香，无数人想去争相拜访的城市——宁波，并不仅仅是上述这层含义的"文化之都"。与其他的地方性城市相比，宁波本地出身的学者及来宁波赴任的官吏，在这个城市留下了数量众多的书籍、历史史料及宗教文化设施，而其中一些宝贵史料一直保存至今。从宋朝开始，叙述当地历史的数篇地方志被编纂出来，集齐当地名篇名著的《四明丛书》亦被屡次编纂。16世纪建造在这座城市中的天一阁是中国首屈一指、规模庞大的藏书楼，也是宁波的标志性建筑。正因如此，值得被着墨重写的无数"笔记"及丰富积累，是研究宁波的意义所在，基于上述研究意识，当然应称宁波为"文化之都"。

本系列的第三卷图书《从宁波到日本：生活世界的对话》，研究视点并非上文提及的"科举及第者"，而是着眼于普通民众世界。虽然很难用三言两语来概括宁波普通民众的生活，但这里笔者想用"水世界"这个概念来聚焦。作为从大海回溯的河流汇合点港口的宁波（日本战国的大内氏和细川氏所遣的两个朝贡使团，为争夺对明贸易主导权在此大打出手。日本人对1523年的这段历史也颇为熟悉：史称宁波之乱，即"争贡之役"），当地的平原地区蔓延着许多细长的水路，其民众的生活与"水"密不可分。宁波不仅在地理属性上与日本颇为相近，就环境方面而言，与日本的相似性也相当显著。中国大部分城市位于内陆地区，但宁波则是一个与内陆地区风土不同的沿海城市。宁波周边拥有许多大大小小、各种各样的岛屿，这一地势特征与苏州、扬州或者绍兴等为代表的江南水乡也稍显不同。此外，自平安时代末期开始，赴中国留学的大部分日本僧人生活学习的地方正是宁波的寺院,他们不仅学习佛理,也把这里的生活、文化与技术带回了日本。正是如此,这片与日本历史密切相关、蕴含丰富特色的土地上所体现的"生活",正是第三卷图书根据实地调查所得出的成果。

每卷图书中会叙述各方面的详细内容,这里仅把宁波作为研究重点的理由做以上简单介绍。下文将从"港口"角度探讨与第二、第三卷图书密切相关的宁波历史。

作为"港城"的宁波

回顾古代历史,能看到许多港口给城市经济、政治带来巨大发展的案例。例如,东南亚的近代史中,将内陆物资汇集到临海或河流的港口城市、通过与其他地区或国家的海上贸易而发展起来的国家被称为"港口国",广为人知的包括印度萨达瓦哈那王朝、面朝暹罗湾的扶南国、中南半岛东岸的占城、斯利维贾亚帝国、马六甲王国、亚齐国、泰国阿瑜陀耶王朝等。

宁波,既不是如长安、开封、杭州、南京、北京等一样的中国封建王朝的首都,也不是明清时期以苏州为代表的产业发达的大规模经济都市。宁波市内的人口,在1900年前后大约是30万,这一数字是宋朝时期的十分之一左右,但宁波是一座拥有优质港口,以工商业、服务业为中心发展的中等规模地方性都市。在东南亚海域史中,宁波与广州、泉州、上海、天津等齐名,是颇具代表性的都市。

从"港口"这一视点首次概览东亚海域史的学者是斯波义信。[1]斯波义信对10至19世纪作为亚洲海域交流的集散港、中介港,且一

---

[1] 先行研究方面,请参阅本书《参考文献》。

直占据中心位置的宁波的城市特征，做了如下三方面的归纳。

第一，作为港口城市天然拥有优良的地理条件。宁波正好处于海域相交处，凭借京杭大运河（隋朝末期挖凿的联结杭州与北京的运河）与内陆水运网相通，其背后又坐拥具有人口庞大、资源丰富、交通便利的江南市场。

顺带说明，上述宁波的港口，并不是现在临海的那个地方，而是位于宁波三江口（姚江、奉化江及甬江的汇合处）。在古时，如中世日本的港口一般都会选择不直接临海且波浪相对平稳的内海或被海湾所包围的地方，并非浅滩或海水突然加深的地方，如鞆之浦。

而且，影响宁波发展的，还有被称为内港的杭州。曾深入考察宁波与杭州关系的山崎觉士的研究表明，宁波作为港口城市的特殊性，体现在与地处钱塘江江口位置的杭州的紧密相连，以杭州为起点，又联结包括京杭大运河在内的内陆各地运河，从而发展其内外相通的活跃物流。在唐宋时期，注入杭州湾的钱塘江由于海水涨潮，土沙易堆积，因此海外的贸易船只均会避开钱塘江周边，从东海进入明州（宁波），再从这里沿运河北上，前往长安、开封。

第二，长期设置在宁波的市舶司。市舶司是唐朝开元年间设立的管理海上对外贸易运营的官府机构，989年杭州设立两浙市舶司，随后转移至宁波。此后的宁波市舶司，在历经一段撤销期后恢复，直至1551年被废止，可与作为南海贸易运营机关的广州、泉州市舶司比肩，长期以来一直发挥着东亚海域管理贸易运营机关的作用。市舶司的具体业务，包括中国海商的出航、回国，外国海商、朝贡船的接纳，出入港口船只的管理，关税的征收（抽分、抽解）以及强制性地代表宫廷采办等。即使在市舶司制度被废止后，宁波作为清朝时期的浙海关（1685年依据清朝政府的展海令，在宁波设置的管理贸易业务的机关），仍承担管理贸易一职，作为南北方的中转站继续发展，直至鸦片战争后的1843年根据《南京条约》在上海设立国际贸易港取代宁波，在此之前宁波一直保持着东亚海域贸易的中心地位。

第三，支撑宁波商贸交易的甬商的存在。以明清两朝为例，南号的海商以福建和广东为中心，将木材、铁、铜、麻布、染料、药材、纸、砂糖、干果、香料和杂货带到宁波，再将长江下游区域的绢、棉花、木棉、陶瓷、海产等物带回南方。北号的海商以山东和安徽为中心，将华北产的大豆、豆饼、牛骨、猪油、药材、染料、鱼干、干果等带到宁波，再将大米、砂糖、药材、木棉、纸、竹材、木材、杂货等带回北方。19世纪50年代，宁波商人逐渐超越其他区域的商人登上历史舞台。他们开创钱庄这种银行业的操作模式，在乾隆年间（1736年—1795年）将大批雇佣者、小商业者和劳动者迁至上海。以1843年开放通商口岸为契机，着力拓展钱庄、银行、买办、海产业、药材商、海运业、洋服杂货业等多项业务，构筑了浙商的基础。此后，甬商取代明清以来最为活跃的晋商、徽商和粤商一跃位居首位，因此，现在还保留着近代上海是由宁波人所创造的传言。

综上所述，宁波作为历史悠久的市舶司、浙海关管理贸易运营机构所在地，一直维持着亚洲海域交易中心地的位置，直至鸦片战争后管理贸易体制崩塌，才失去了其中心地位。

本书研究方法

本书将研究视点置于当地"记忆""记录"的创作、保存和传承，并进行多方面、多角度的考察。正如前文所述，宁波与其他城市相比，具有显著的个体特点：孕育了数量众多的科举及第者，文化与经济方面相当繁荣，由此各种各样的"记录"被创作并保存下来。当地的文学作品、思想著述、传记、碑文、地方志，包含伪作的书籍、绘画、演剧等相关的"记录"与"记忆"，被相继印刷、出版并传承。范氏天一阁所象征的当地数量庞大的藏书被收集汇总，各种"记录""记忆"即使历经岁月洗涤，仍然被当地人保存下来。后世的研究者对其重新进行研究时，会发现当地遗留下来的保存各类文献的许多方法。这是与其他地方性城市相比，最为显著的宁波特色。

作为拥有保存上述"记录"特色的文化之都，宁波也是在东亚海域交流史上发挥过巨大作用的港口城市。尤其是对于日本而言，与横跨东南亚至西南亚南海贸易联结点的广州、泉州等港口城市不同，宁波作为文化、信息输送基地的意义更为重要。2009年，在奈良国立博物馆举办的"圣地宁波"特别展上，其标语"所有的一切，均来自这里"，直截了当地体现出宁波在日本的地位。佛僧的书简、肖像，宋版书籍，现存于大德寺的五百罗汉图等众多资料均是从宁波传至日本并保留至今。此外，这些文化产物能流传到日本并被保留下来的背后，是日本五山文化的巨大影响。五山文化的相关内容虽然重点在本系列图书的第四卷，但从"宁波的记录文化"这一视点来探讨日本传统文化形成的脉络也是颇有意义的。因为宁波是作为东亚海域文化、信息的联结点而发挥巨大作用的特殊地方性城市。

关于"记录"，明末清初的思想家顾炎武做了如下论述：

> 古之人君，左史记事，右史记言，所以防过失而示后王。记注之职其来尚矣。

（《日知录》卷十八记注）

在古代中国，君主的一言一行均是"记录"的内容。在朝代更替时，新王朝必定会编纂"正史"，即一般会针对旧王朝编写国史（纪传体的王朝历史）、实录（旧王朝各皇帝的编年史）。如此延绵不绝的记录，使得在中国史研究领域，后世研究者能使用的丰富而缜密的历史史料数量极其庞大，与印度史研究相比有着天壤之别。不仅如此，正如上述所引"防过失而示后王"，在中国，"记录"这一行为与政治性、道德性密切相关。古语有云"前事不忘，后事之师"，正因为要作为现在与未来的借鉴与参考，因此必须要对过去进行记录。确认并证明某件事存在的方式，只有"记录"。如此"记录"扩散至政治、道德、宗教的各个层面，并不断深入底层。中国，正是"记录之邦"。通过分析宁波"记录"群的丰富积累，能窥探中国社会的些许特性。

在历史研究的方法层面，一般将遗存的史料当作既定前提。当然，依据这个前提所取得的优秀研究成果数量众多。但是，将"为什么这些史料如今依然存在"作为研究视点，探讨史料的生成及其流通、保存和使用的路径，开拓全新的研究方法（即分析手法），是本书的研究目标之一。在实现这个目标方面，宁波具有非常贴合的磁场。笔者已数次强调，这个地方性城市在宋代至明代时期，与其他城市相比，存在压倒性数量优势的众多"记录"。在中国史的研究领域，研究者若可以批判性地活用这些丰富的"记录"，将具有超越以往偏重朝廷编纂史料的传统性研究价值的可能性。通过方法论，数量丰富的史料、"记录"，能使研究实现质的飞跃。

再者，作为相关研究意识的补充，本系列图书的出版方东京大学出版社，已经相继出版了《记忆与记录》（"语言形态系列"第四卷）、《记录与表象——史料所叙述的伊斯兰世界》（"伊斯兰地域研究丛书"第八卷）等相关图书。由此可见，本书所涉及的正是现在学界广受瞩目并激烈讨论的课题。本书的独特性即在于将研究重点置于宁波这一地方性城市，试图与其他学科领域产生学术性的联动，并用通俗易懂的语言传递给读者。

本书学术层面的研究目的，即通过多方位考察"记录"是如何生成、流通、使用与保存，来挖掘宁波的文化特质，对"记录""记忆"等问题进行方法论式的探讨。

记忆、记录与纪念

首先，对于学术研究的方法、状况无甚兴趣（恐怕是绝大部分）的读者，笔者想就"记忆与记录"做些简单补充。

人类是容易健忘的生物，北宋思想家程颐曾论述道：

> 圣人不记事，所以常记得。今人忘事，以其记事。不能记事，处事不精，皆出于养之不完固。
>
> （《二程遗书》卷三、《近思录》卷四）

我们均非圣人，故而无法记住所有的事情。但是，如果我们有坚实的学识修养基础，即使不刻意去记，也应该能记住些许内容。让我们回忆一下自己备战高考的那段时光，如果是打算将所学知识一下子强塞进大脑，结果反而什么也记不住。相反，如果自己对于知识的关注程度逐步提高，有了一定的学习自主性，所学知识就会自然而然地印入脑海中。而对猫、狗等动物而言，它们没有太多记忆，也就没有忘却的悲哀。

换言之,"记得"与"忘却"相互对应。我们这类凡夫俗子,既不是小猫小狗,也不是圣人,尽管我们自身就是会带来"忘却"这个结果的元凶,但依然是拼命努力想把事物记住的可悲生物。由此,针对这种习性,人类创造出"记录"这种对策。

其次,"记录"在这里包含"记忆""记录""纪念"三层要素,即将事物放在心里的"记忆",用文字、记号、数字等方式记下事物的"记录",作为回忆记录事物的"纪念"。三者中,许多人认为只有中间的"记录"相对客观,其他两项的主观色彩均比较浓厚。但是,这个问题的趣味性就在于对三者并不能做如此简单断言。

为了思考这个问题,笔者用身边的电子词典查了一下"记录"的意思。《大辞林》的第一项释义为"为保留至后世而记录事物,以及记录下来的东西",《汉和辞典》的第一项释义为"为传播至后世而将事实记下,及记录下来的文书、账簿等"。可以说,"记录"这个词的基本含义就是为了"留存至后世"而做的"记录"。也许会有读者对比两本辞典的解释发现,前者是"记录事物",后者是"记录事实",但笔者认为这两者间差异并不大。就一般情况而言,我们会把记录的"事物"设定为其所反映的正是"事实",因此两者的情况大同小异。当然,也有"虚假的记录",既有并不知自己所陈述的是虚构,而将它作为事实来记录的人;也有明知是虚构,却把它当成事实来记录的人,无论哪种都是"记录"。也就是说,无论实情如何,记录的人都希望读者能将其所记录的东西当作"事实"来看待。当然,这个"事实"到底是真是假,就需要依据我们的经验来判断。正因如此,"记录"当然是必需,但"记录"与"事实"的关系,也确实存在来回兜圈子的一面。

那么,人类为何希望能将事物"传播到后世"呢?这或许基于两种想法。其一,上文已经提及,是对"遗忘"的担心;其二,则是"对于某事、某物,认为具有传播的价值"的想法。融合这两种想法,引用一段使用"记录"这个词的文章。

> 古之人,道感而形化,曷尝贵于言哉。甚不得已而有言。言或易于遗忘。又甚不得已而记录之。虽曰形诸简编,然惧不能行远,又甚不得已。始刻文梓而传之。其言之也。欲击蒙于当时。其传之也。将泽物于后世,倦倦为道之心,为何如哉。此濂于历代诸师之言。不能无感激也。

这是宋濂的《育王禅师裕公三会语录序》的开头部分。从标题即可得知,这是篇记录禅师语录的文章。即使(或许应该说正因为)在推崇"以心传心"的禅世界,大量的语录也被编纂出来。宋濂反复使用"不得已"来形容这一记录的过程。不知是否有读者注意到了这点:笔者上文提及的包含在"记录"中的两种想法,正好与宋濂文章中的第二、三个"不得已"互相对应。"言或易于遗忘。又甚不得已而记录之"对应对"遗忘"的担心,"惧不能行远,又甚不得已。始刻文梓而传之"对应"对于某事、某物,认为具有传播的价值"。正因如此,在"记录"的行为中,"记忆"与"纪念"的意义也包含在其中,三者密不可分。

最后,笔者想谈及"记录"所包含的力量。上文关于"事实"与"记录"的关系,会有些模糊不清的地方,但无论如何忠实"记录""事实",也并不是"事实"本身。但若放弃"事实"本身便可看到,"记录"拥有将"事实"传至周边或后世的特权。如果沿用宋濂的文章来说明的话,即被"刻文""传之"的禅师的真实声音,即使已经丧失当时说话的氛围，但通过文字的传播，即便是不在现场的人也能阅读、品味、鉴赏，可见"记录"具有某种稳定的传播力。

值得注意的是，固定化、稳定化的"记录"，具有不可比拟的绝对的特权性。关于这点，读者如果回想起几年前日本社会关于"年金记录"的那场大混乱，应该马上就能领悟。如果没有"记录"，就有可能认为"原本就没有年金"，相反，有"记录"的人，就会安心接受年金。

综合上述内容，"记忆""记录""纪念"密切相关，并且在三者的关联中形成了"文化"。以宁波这个城市为基点来考察上述问题，是本书的研究视点，这也是从学术层面研究本书的立场与核心所在。

本书的构成

除去引言，本书共由三部分组成。

首先，第一章以"书籍创造文化"为题，将宁波文化形成过程中不可或缺的"书籍"作为研究重点。在考察宁波"文化之都"特质的过程中，天一阁藏书楼的存在极其重要。那里是中国现存最古老的私人藏书楼（图书馆），藏着许多珍贵的书籍，因此本章的第一部分先考察这段收藏历史和特质。其次，选取《四明丛书》作为研究对象。"四明"是"宁波"的别称。想了解宁波历史、文化的读者，必定会翻阅这部编纂于近代的宁波乡土史料图书。本章的第二部分将探讨这部图书编纂的缘由、经过，以及同为乡土史料的地方志。宁波这个地区的地方志的编纂、积累的数量，相较其他地方也是压倒性的。本章的最后拟着眼于现属宁波市的余姚所诞生的思想家王阳明。当然，这里并非探讨"心即理""知行合一"之类的学说，而是侧重考察其周边，以及传播至后世的现存书籍。通过探讨思想家的学说是如何结成书籍的过程，或许可以触及笼统而难以理解的宁波思想文化的深处。因此，本书第一章并不想简单概述作为文化的记录的书籍的数量之多，而是通过"为何""怎样"，深入挖掘书籍如此之多的原因和形成过程。

第二章以"文人的记忆与记录"为题，将研究视点聚焦于王应麟、丰坊、万斯同、仇兆鳌等近代宁波文人的知性活动。在时代变迁的背景下，文人们在思考什么，传承什么，又留下了什么？结合宁波社会及文人所属的宗族，探讨他们营造、维护"文化之都宁波"的各项活动。本章并非单纯的名人罗列，而是通过考察地点，力图分析记录的主体——文人们的活动。

第三章以"地点与文物交织的记忆与记录"为题，将研究视点聚焦于"物品"。通过从正面考察平素很少涉及的石碑、墓地、钱币、奢侈品等与文人的文化活动密切相关的物品，来探索"文化之都宁波"的多样性与多重性。本章涉及的研究内容，与本书的姊妹篇第三卷的"生活"主题密切相关，如果读者能有意识地将两者联系起来阅读，就能更深入地理解该部分内容。此外，如果考虑到宁波这片土地的特性，第三章本应涉及"佛像""绘画"等方面内容，但笔者将该部分放入了其他卷图书，感兴趣的读者可自行翻阅其他卷图书的相关章节。

如前所述，宁波是"东亚的中心港城"。本书将研究视点聚焦宁波，以期为与宁波具有相似机能的城市研究提供参考。若读者通过阅读本书能与自己所感兴趣的各地产生交流沟通，笔者将不胜荣幸。

（须江隆　高津孝　早坂俊广　平田茂树）

目录

第一章　书籍创造文化　/ 1

　　第一节　天一阁藏书楼　/ 3

　　第二节　宁波的乡土史料《四明丛书》　/ 31

　　第三节　传承的记忆与宁波地方志　/ 50

　　第四节　书籍中记载的思想家——以王阳明为例　/ 64

　　专　栏　养育"中国版卢梭"的土地　/ 82

第二章　文人的记忆与记录　/ 87

　　第一节　跨越王朝——宋元交替期碑刻的书写者　/ 89

　　第二节　与丰氏一族重合的记忆　/ 100

　　第三节　思想的记录、记录的思想——宁波望族万氏　/ 119

　　第四节　宁波与文人　/ 133

　　专　栏　江户文化与朱舜水　/ 148

第三章　地点与文物交织的记忆与记录 ／ 151

　　第一节　石刻的处方 ／ 153
　　专　栏　东钱湖墓葬群与史氏 ／ 161
　　第二节　墓地的记忆与墓葬文化 ／ 163
　　第三节　支撑文化的经济 ／ 172
　　专　栏　宁波英雄张煌言 ／ 197

参考文献 ／ 202

后　记 ／ 212

笔者一览 ／ 215

译者的话 ／ 217

第一章 书籍创造文化

第一节　天一阁藏书楼

一、被封存的典藏

宁波，是由三条河流的汇合处逐步发展起来的城市，在其市中心，有一个以月湖为中心的风雅地。月湖是一个规模较小的湖泊，如今已被设计在一座公园内，从公园里的一条小路进去，有座名叫"天一阁"的传统建筑。从20世纪末开始，中国的主要城市都进行了大规模的现代化开发，许多传统街道逐渐消失，宁波也不例外。因此，天一阁作为中国江南传统文人住宅被原封不动地保留下来，难能可贵。在距今四百多年前，范钦（1506年—1585年）主持建造了天一阁，此后他的子孙共计十三代，世代相承。天一阁作为中国现存历史最悠久的（私家）藏书楼声名远播，是文化之都宁波的代表性建筑。

（一）范钦生平

天一阁的建造者范钦（见图1.1），字尧卿，一作安卿，鄞县（今浙江省宁波市鄞州区）人。嘉靖七年（1528年），范钦参加乡试（地方性考试）中举，位列第七十名；嘉靖十一年（1532年）二月会试

图1.1　范钦像

（在北京举行的全国统一考试）中，获第一百七十八名；三月殿试（在皇宫大殿，由皇帝主持的考试）中，获二甲第三十八名（由于一甲共三名，因此总计名列第四十一名），赐进士出身。自此范钦开始其官场生涯。鄞县范氏的祖籍是湖北襄阳，初代的范宗尹（1098年—1136年）据说在南宋时任宰相，此后直至十六代的范钦前，无人为官。因此，范氏家族在明朝，并非代代都有科举上榜者的"书香世家"，几乎均是庶民一族，范钦是这个家族明朝首位科举上榜者。在封建社会时期的中国，科举考试是在社会层面广泛进行的选拔官吏的考试，金榜题名，是光耀门楣的无上荣耀。此时，范钦可以说在家族内享有绝对地位。进士及第后，范钦出任湖广随州（今湖北省随州市）知州（从五品），四年后，嘉靖十五年（1536年）升任工部员外郎（从五品）。当时朝廷的武定侯郭勋，既是明朝开国功臣郭英的六世玄孙，又与明王室联姻，作为嘉靖帝的宠臣权倾朝野。范钦在工部任职期间，因检举揭发郭勋的贪污渎职，触犯了嘉靖帝的逆鳞，被捕入狱并受"廷杖"之责。后因朝廷上对此事弹劾颇多，范钦被无罪释放，擢升工部郎中（正五品）。但是，郭勋却完全未受影响，其地位反而愈发巩固。最终，得罪郭勋的范钦在嘉靖十九年（1540年）被贬离京，至贫瘠的袁州（今江西省宜春市）任知事。嘉靖二十年（1541年），郭勋失宠倒台，次年病死狱中。范钦随即上京有所谋求，但未获成功。根据其在袁州的《袁州府志》《江西通志》等记载，范钦在此维护治安，减免税金，颇受好评。嘉靖二十三年（1544年），升九江（位于今江西省）兵备副使（正四品）；嘉靖二十五年（1546年），调任广西（今广西壮族自治区）参政（地方财政、民政的次官，从三品）；嘉靖二十八年（1549年），升福建提刑按察使（地方司法长官，正三品）。

提及明朝嘉靖年间，无法回避的就是倭寇之乱。详细内容请读者参阅本章的第二节,这里仅做简单概述。倭寇,是14世纪至16世纪在朝鲜半岛、中国沿海进行劫掠的日本海盗集团,根据时代、地域的不同,其具体表现和分类也有所不同。15世纪前半期,由于永乐帝采取海禁及朝贡体制,倭寇曾有过短暂的安静期。但是,其后随着中日贸易被朝廷断绝,海上走私日渐盛行,这些从事海上走私贸易的人也被称为倭寇。特别是嘉靖年间,倭寇活动猖獗,史称"嘉靖大倭乱"。范钦作为明朝官吏,曾亲历这一事态的发展过程。

嘉靖二年(1523年),范钦还在宁波为科举埋头攻读时期,发生了一件与中日贸易相关的大事件,在日本史称"宁波之乱"。自室町时代中期起,中日贸易的权益就被细川氏和大内氏两大势力争夺不休。细川氏的背后,是新兴势力堺商人,大内氏的背后,则是博多、门司的商人。嘉靖二年四月,运载两方势力的贸易船只在宁波不期而遇。大内氏以谦道宗设为正使,带着大明颁发的正德新勘合。细川氏则以鸾冈瑞佐为正使,拿着旧勘合文书,凭借数日前早到宁波的明朝人宋素卿向官府的行贿,抢在大内氏前验货,并在明朝官府安排的酒宴上,让鸾冈瑞佐坐在了上位。此举彻底激怒了大内氏的谦道宗设等人,他们从宁波市舶司的东库拿出武器,杀了鸾冈瑞佐,烧毁了细川氏船只,一路追捕宋素卿至绍兴未果,又折回宁波继续烧杀抢掠,最后抢夺船只逃到海上。事件发生时,范钦就在宁波,目睹了贿赂横行的海外贸易现场及目无法纪、祸乱遍地的日本人的行为。

当时走私贸易的中心据点,是浙江的双屿与福建的漳州月港。在那里,受明朝海禁政策影响而贸易受阻的中国沿海商人、日本人和葡萄牙人一起共筑据点。嘉靖二十六年(1547年),明朝派朱纨出任浙江巡抚,实行严守海禁和彻底剿灭倭寇政策,遂攻击双屿,捣毁了倭寇据点,但这一行动遭到与走私贸易相勾结的浙江地方势力的强烈反对，朱纨被弹劾，最终含冤自尽。遵从朱纨的命令，在福建方面实施取缔政策的卢镗也被逮捕定为死罪，但受到当时在福建的福建提刑按察使范钦的庇佑，范钦帮助卢镗力呈冤屈，最终获免其罪。趁朝廷取缔倭寇松懈之际，嘉靖三十年（1551年）起，以平户、五岛列岛为据点，以王直为首的倭寇势力掌握海上霸权，组成大船团队攻击中国东南沿海。嘉靖三十二年（1553年），范钦升任云南右布政使（地方财政、民政长官，从二品），三十三年（1554年）调任陕西左布政使（从二品）。同年七月，其父母相继去世，范钦遂辞官归乡。嘉靖三十七年（1558年）八月，主持河南乡试，九月任都察院右副都御史（监管官吏部门的次官，正三品），赴江西赣州监督军务。其间，指挥镇压活跃于东南沿海的倭寇行动。嘉靖三十九年（1560年）八月，赴京任兵部右侍郎（掌武官考核和军事部门的次官，正三品），其后遭弹劾，回籍听勘。嘉靖四十二年（1563年），虽得冤案澄清，但58岁的范钦辞官引退。从嘉靖三十九年至万历十三年（1585年）身故，范钦在故乡宁波度过了平静的晚年。

（二）天一阁的设置

如今的天一阁（见图1.2），已更名为对外开放的天一阁博物馆。在宁波市中心，从南北狭长的月湖公园往西，穿过南北向的长春路，往东进入名为天一街的小路，沿小路走到绿荫深处尽头即到了天一阁的入口（西大门）。虽是极负盛名的观光景点，所处的位置却有些难找。穿过独具中国江南传统建筑特色的大门，沿着弯曲的小路往里走，会先看到东明草堂、范氏故居（历史陈列馆），再往前就是天一阁。天一阁（宝书楼）是座朴素的二层建筑，前有池塘（天一池），据传蓄水可备火灾时需要。穿过天一阁，视野会突然开阔，即到东园庭院。东园，是以"明池"为中心，南边配以假山，设置"百狮亭"等建筑的传统中国江南庭院。南边原本是范氏别族的府邸拓展的部分，现成为麻将博物馆、戏台、绘画馆——宁波也是麻将的发源地。

图1.2　天一阁

保存范钦所收书籍的藏书楼天一阁的建造时期目前已无法明确，据推测约在嘉靖末年（1561年—1566年）。当时取名为"十洲阁"，其后更名为"天一阁"。"十洲阁"是北宋时期月湖畔建筑物的名称，范钦也许由此命名。而"天一阁"名称的由来，根据同乡全祖望（1705年—1755年）《天一阁碑目记》的记载：范钦因收集碑版，偶得"吴道士龙虎山天一池"石刻拓本。龙虎山是江西东部的著名道教圣地，汉代道教第一代天师张道陵的修行之处。

> 阁之初建也，凿一池于其下，环植竹木，然尚未署名也。及搜碑版，忽得吴道士龙虎山天一池石刻，元揭文安公所书，而有记于其阴，大喜，以为适与是阁凿池之意相合，因即移以名阁。

此外，全祖望的《揭文安公天一池记跋》中有如下记载：

> 张真人龙虎山天一池，揭文安公为之记并为之书，别有天一池三大字。吾乡范侍郎东明筑阁贮书，亦取以水制火之旨，署曰天一

阁。而凿池于其前，双勾文安三大字，将重摹以上石，未果而卒。

《龙虎山志》十四卷所收揭傒斯的《天乙池记》有如下所记：

至正二年，信之龙虎山大上清正一万寿宫提点程君静提举李谨修请命于三十九代天师张公元教宗师吴公，凿大池宫南门之外二十步……池成使道士彭元鼎至京师请名吴大宗师，大宗师曰，夫生天地者道也，载天地者气也。无形曰道，有形曰气。气者道之用也，道为万物之祖，气为万物之用，道与气一而已，故天一生水。一者万物之所由生也，一之生无穷，万物之生，生亦与之无穷，故一者万物之终始也，宜名曰天乙之池。因其静可以见道之体，因其动可以见道之用。一静一动而生变化，不可端倪，而莫不本乎一也。既书以名之，又请余从而记之。

天一阁名称的由来，正如全祖望所记，取自"天一池"，并有"以水制火"之意。

但是，及至清朝，"天一阁"的名称又被赋予了其他含义。对天一阁作为藏书楼予以高度评价的乾隆帝，遵嘱修《四库全书》时参照此建筑，在《文源阁记》中对天一阁给予盛赞：

藏书之家颇多，而必以浙之范氏天一阁为巨擘，因辑《四库全书》，命取其阁式，以构庋贮之。既图以来，乃知其阁建自明嘉靖末，至于今二百一十余年，虽时修葺，而未曾改移。阁之间数及梁柱宽长尺寸。皆有精义，盖取"天一生水，地六成之"之意。

皇帝的认可,使"天一阁"的名称由来在清朝被正统化。"天一生水,地六成之",源自五行。根据五行学说,金木水火土是组成世间万物的五大基本元素,其相互影响、相互转换,从而形成万物的变化。据此,"天一"取以水克火之意。

(三)天一阁的藏书

天一阁藏书的规模如何?天一阁所藏图书的目录又历经几次编纂?根据现存最古老的图书目录,清初抄本《天一阁书目》(现藏北京国家图书馆)记载,除佛教书目和科举录外,总计五千余部。即使经过明清交替这一剧烈社会变动期,天一阁藏书仍旧保存良好,据清嘉庆十三年(1808年)出版的范邦甸等著《天一阁书目》记载,除乾隆帝御赐的《古今图书集成》一万卷外,总计三千三百九十三种、三万八千五百二十七卷。尽管藏书量相当可观,但从明代藏书家所藏书籍一万卷以上的人物有231位,收藏书籍四万卷以上的就有23人来看,范钦也并非最出类拔萃的藏书家。与据称藏书三十万卷的张自烈(1597年—1673年)相比,更不可同日而语。但是,两百多位明代著名藏书家,到现在仍能维持其藏书的,却只有范钦。天一阁藏书能保存四百多年的原因何在?

即便处在能自由收藏书籍的社会大环境中,藏书家的个人兴衰与其藏书经历依然颇为关联,能做到历代持续收藏的可谓凤毛麟角。检索藏书家们的传记,也几乎找不到延续数代收藏书籍的事例。尽管如此,现存的大量古籍,可以说均是各个时期收藏家的成果,抑或是在中国社会流传下来的虽遭失散但仍然很有生命力的部分。从某个藏书家手中失散的图书,经由市场或个人,必定会到达另一位藏书家手中。虽然中国自10世纪的宋朝起就进入了出版文化时代,但宋代出版的书物数量有限,且极为珍贵。流传至今的大部分宋版书物,均是经由数位个人收藏家才传至现世。藏书家的兴盛衰落,也留在了宋版书籍的藏书印中。许多宋版的名品,例如现在能在日本著名公私图书馆看到的书物,卷首通常会有十几个朱红色的藏书印。这既是了解这本书物过去所有收藏者的线索,也是藏书家收藏欲望的现实体现,更是这本书物在收藏、失散这一过程中曾经存在过的有力证明。

但是,天一阁的藏书方式,却与上文提及的一般藏书方法完全不同。在四百多年的时间里,它们一点都没有被移动过,也完全切断了与外界图书市场的所有联系。这是一种极其特殊的现象。在范钦逝世后,其子孙也完全没有增加图书的迹象,天一阁藏书一直保持在一个封闭体系内。

(四)范钦的图书收集

范钦是从何时开始、以何种方式、何种目的收集图书的呢?如今并没有留下记载其图书收集过程的资料,所以确切的信息已无法获知。与现代社会不同,当时的书店并不能马上购买到想要的书籍,出版业也并非以自由市场为前提的盈利产业,在图书文化整体中所占的比例并不高。因此,即便在个别大城市中有类似书店性质的商家,书籍还是需要依靠人际关系网,在有限的圈子中才能获得。以范钦为例,他在数年各地迁移的官僚生涯中,在各赴任地构建了各种各样全新的人际关系,才有精力来收集颇具地域特色的图书。从其最初的赴任地随州(湖北)开始,经北京至袁州(江西)、九江(江西)、桂林(广西)、福州(福建)、云南、西安(陕西)、宁波、赣州(江西)、北京,再返回宁波,在各地都收集了不同的书籍。嘉靖三十五年(1556年),其在大年三十所写的诗《丙辰除夕》(《天一阁集》卷十一)中提及

"邺架虚称万卷书"，当时的范钦51岁，在宁波家中为父母丁忧，其藏书的数量可以说已经达到了藏书家的规模。现代人很容易把书籍理解为出版物，但当时使用的是雕版印刷，因而出版量相当有限。如果非常想要得到某本书，但该书又不是出版物，通常需要自己或者雇人来做手抄本。天一阁藏书的一大特征，就是明代手抄本的丰富性。据骆兆平的《天一阁明抄闻见录》记载，天一阁藏书约有五分之一，即一千一百四十七种均是明抄本。由此可见天一阁藏书的特殊性和重要性，它是当时极难获得的各类书物的宝库。但值得注意的是，书物的重要性会随着时代变迁而发生相应改变，例如，对当时并非值得收藏、值得出版的书物，在现代却因极为稀少而颇为重要。因此，天一阁的重要性，在于范钦作为收藏家，其收藏方式与当时一般的藏书家大相径庭，其收藏目标与当时的收藏主流目标也不同。研究中国学的学者，在感激范钦做了如此珍贵、如此重要收藏的同时，也困扰于其图书收藏的特殊性。天一阁藏书的特点，首先能列举的即是对明代地方志的大量收集和对明代科举录的系统收藏。这些均是当时其他藏书家并不会作为收藏对象的资料，因此也并不将这类资料视作具有收藏价值的书物。但是，对于现代研究者而言，这些均是能够详细了解明代社会的极为宝贵的资料。明代地方志[1]，是明代各地地域信息的宝库；明代科举录[2]，记载了科举中试者的个人履历，这些均是开启探究明代社会之门的珍贵钥匙。

（五）范钦逝世后的藏书

个人收藏的书籍，在藏书家本人去世后，通常会陷入失散各地的

---

[1] 现存970余种，天一阁现存271种，在以前的目录中记载为435种。
[2] 天一阁存370种。该文献的90%在世界范围内仅在天一阁保存。

命运。支撑收藏行为的信念一般均来自个人本身,其后代子孙未必会有所继承。就这点而言,范氏天一阁的藏书,其后代子孙世代继承的状况是相较其他藏书家最大的不同点。范钦逝世后第二年的万历十五年(1587年),其子范大冲编纂的《天一阁书目》出版发行。尽管《天一阁书目》本身早已散佚,但其跋文尚存,跋文中论述了范大冲的子孙对待天一阁藏书的决心和态度:

> 冲先君宦游两京、各藩省几四十载,致政二十余载,享寿八帙。生平孜孜,惟书籍是嗜,远构(购)近集,旦录夕抄,积之岁月,仅盈箧笥,乃勉构天一阁以贮之,惧遗散也,其用心良苦且久矣。冲时过庭,绍闻先君珍藏之训,今遽仙逝,手泽维新,捧览悲恸,无以自存,惧岁久易湮。使先君生平八十年之精神,一旦置之灰土,能不痛哉!能不痛哉!适承闽中肖翁蔡太公祖面命云:"当付之剞劂,以广其传,人子事也,亦人子心也。"冲也敢不敬奉,遂诠次篇目而梓之。庶宇内贤达览者,知先君积累捃拾之勤,而子子孙孙亦因知祖上存蓄之不易,将殚力而世守之无坠云尔。

正如跋文所言,范大冲的愿望确已实现,天一阁历经许多藏书楼都消失殆尽的明清交替的动乱期,仍一直由其子孙平静地守护着。

范钦过世八十多年后的康熙十二年(1673年),天一阁迎来了首位外姓访问者,明末清初的大学者黄宗羲(1610年—1695年)。根据其所著《天一阁藏书记》的记载,能了解当时天一阁的模样。

> 天一阁书,范司马所藏也。从嘉靖至今盖已百五十年矣。司马殁后,封闭甚严。癸丑,余至甬上,范友仲破戒引余登楼,悉发其

藏。余取其流通未广者抄为书目。

范光燮（1613年—1698年），字友仲，范钦曾孙，范氏四代家主范光文的弟弟。据推测，范钦生前即定下规矩，在其逝后，外姓者一律不得进入天一阁。范氏一族为严格执行管理，于道光九年（1829年）制定"范氏禁例"三牌十五则。范氏禁牌一，"烟酒切忌登楼"，严禁烟火。范氏禁牌二，"子孙无故开门入阁者，罚不与祭三次""私领亲友入阁及擅开书橱者，罚不与祭一年""擅将藏书借出外房及他姓者，罚不与祭三年，因而典押事故者，除追惩外，永行摈逐，不得与祭"。违反规定严重者，将被赶出家族。在中国旧社会，逐出家族被视为最为严重的惩罚。以上如此规定，使得天一阁基本没有对外开放过。

（六）清朝和天一阁

天一阁作为私人藏书楼能长期保存下来的背后，也与清王朝的权力因素相关。这也意味着天一阁的藏书活动与清朝的文化政策之一《四库全书》的编纂活动相连，逐步融入清朝的文化体系建设过程中。乾隆三十七年（1772年），乾隆帝颁布《四库全书》编纂的上谕：校勘宫中所收集的书物，从中抽出佳作缮写，各自为书，同时命各地采访遗书，要求进呈备用，根据内容判定是否采纳，如认定不利于清王朝的则判定为禁书。因此，《四库全书》的编纂，依照经史子集四部，共四十四类、三千四百五十七部、约七万九千零七十卷（据《四库全书答问》），可谓史上最大规模的汉籍编纂活动，其中当然也包含思想统治的意味。为响应乾隆帝的号召，乾隆三十九年（1774年），范氏天一阁的范懋柱进呈所藏珍本六百零二种[1]，其中九十六部直接依据底本抄录，收入《四库全书》；三百七十七部列入《四库全书总目》存目。对其献上大量珍本的功绩，乾隆三十九年五月，乾隆帝御赐包括范懋柱在内的四位藏书家《古今图书集成》一万卷，但献上的珍本却并未归还。在前文提及的《文源阁记》中也能看到，乾隆对天一阁图书保存设施的功能性评价颇高，传谕杭州织造寅著亲往天一阁进行实地调查后，内廷四阁的文渊阁（北京紫禁城）、文源阁（北京圆明园）、文津阁（承德避暑山庄）、文溯阁（沈阳故宫）均仿照天一阁建造而成。其后，乾隆四十四年（1779年），乾隆特别御赐天一阁《西域得胜图》三十二幅，乾隆五十二年（1787年），又赐《金川得胜图》十二幅。由此，自乾隆时期起，天一阁成为并非单纯的个人藏书楼，还附带作为清朝文化政策一环的象征性意义。

但是，随着清朝的衰亡，天一阁也迎来困难时期。道光二十年（1840年），鸦片战争爆发，次年英军占领宁波，闯进天一阁掠走《一统志》等地理书籍数十种。咸丰十一年（1861年），太平天国军队进驻宁波，趁乱盗走许多书籍，论斤贱卖给奉化的造纸作坊。最大的灾难发生在1914年，天一阁一千多种图书惨遭盗窃。该事件的幕后主使是上海六艺书局的老板陈立炎，他曾来到宁波，向天一阁后人提出购书申请，但被断然拒绝。由此，他联络中间人冯德富通过水路将从天一阁偷来的大量书籍转运至上海、苏州的书店秘密贩卖。但是，听闻市场上流出宋版、明版珍贵书籍的著名藏书家缪荃孙，立刻察觉出天一阁藏书可能惨遭流失，遂联络范氏。接到缪荃孙的通知，范氏才察觉书库被盗。范氏一族连忙派人奔赴上海，在1914年6月20日至

---

[1] 据范邦甸《天一阁进呈书目》所载。钱念劬的《重编进呈书目》中则为638种。

22日,连续三天在上海《新闻报》刊登"购天一藏书者注意"消息。天一阁藏书被盗案在上海社会引起强烈反响,冯德富最终投案自首。经过此次浩劫,范氏一族意识到单凭自身很难保管天一阁的藏书,由此地方政府开始参与藏书的保管工作,直至如今。

(七)藏书的形成与地域特性

如果将藏书也视作各类收藏品中的一类,那么其也具有与收藏品共通的特性,即藏书也是个人欲望的成果。中国过去的藏书楼,经常被当作近代公共图书馆的前身,作为图书馆历史的一部分来论述,但实际上它们的公开程度到底如何?就天一阁而言,必须说它对于社会是完全封闭的状态。但是,在某种意义上,也可以说正是这种封闭性使得大量图书被长期保存下来。藏书最初即具有非公开性、私人性的特点,作为个人所有物,其完全没有必要公开,这也是理所当然。但是,个人藏书并不是完全与社会脱节,它经由私人,又与当时的社会有些许关联。

图书收集这项活动,在图书市场并不十分发达的社会,通常都是以同道中人为收藏线索,通过熟人的关系网络来获取想收集的图书信息。典型案例包括明代著名政治家、文学家王世贞写给范钦的信(王世贞《答范司马》)中,对于范钦提出的"彼此各出书目,互补其缺失"给予高度评价。因此,图书收集脱离社会是无法成立的。这项活动存在社会性,即超越单纯个人的与外部世界的联结性。

根据《中国历代藏书家辞典》(同济大学出版社,1991)记载,书中共收录明代著名藏书家358人。按照地域分布,排名前五位的,分别是江苏148名,浙江114名,福建22名,江西20名,上海19名,差距颇大。藏书家以江南地区最为集中,这与科举及第者的地域偏差相一致。科举及第者的地域偏差会有政治性的考量，或多或少会尽量调整到保持平均，但在完全自由的藏书领域，这种地域性差别就会更为突出。地区望族的状态与各地区统治阶层所考量的地域战略密切相关，但他们仍以某种相对委婉的方式来展示其个人欲望。图书收藏虽是个人欲望的产物，但也反映出超越个人活动的社会状态，其地域性的偏差体现了中国社会的多样性。

天一阁的重要性，当然体现在为现存最古老的私人藏书楼这一点，但不可忽视的还包括其与中国其他私人藏书楼的不同之处。主要体现在：第一，持续性。一般个人的藏书容易散失，能长久持续传至后世的非常少见。从另一个角度而言，收藏与散失的流动性，传播了中国的图书文化，使得后世能继承其精华。天一阁藏书的持续性，既是范氏一族的共同努力，同时与清朝的文化政策、地域政策不无关系。第二，收藏的特殊性。这与收藏家范钦的私人兴趣颇有关联，与同时代的其他藏书家的收藏基准不同，范钦投入巨大精力用于收藏在当时并不被认为具有藏书价值的书物，但从现代视角而言，这些藏品具有非常高的价值。以上两点不同之处，使天一阁成为非常重要的文化遗产。

就上述差异性的第二点，本节第二部分将展开具体探讨。

二、典藏之谜——科举史料

（一）明代的科举制度

上文曾提及天一阁藏书的一大特点，是对明代科举录的收藏。

科举，是古代中国在通过考试选拔官吏方面发挥重要作用的制度。关于科举制度的起源，说法颇多，一说其始于隋朝大业元年（605

年），至清朝光绪三十一年（1905年）废止，前后经历一千三百余年，支撑起中国的官僚制度。"科举"即通过"科目"，选举出人才之意。最初科举只有选拔文官的文举，其后又创立了选拔武官的武举。但是，在以读书人出身的官僚作为统治阶层的古代中国，文科考试占据压倒性的比重，科举通常指的就是文举。因此，在本书中，如没有特殊标注，科举即文举之意。

自科举制度创建以来，各个朝代均实施了不同程度的变革，使其日益复杂化。宋代以后，科举考试每三年举行一次，共分三阶段的形式基本固定。

宋朝之前，参加朝廷统一科举的资格均是临时性的，只要通过三年一次的地方考试，就给予考生参加科举的资格。但是，根据明朝的制度，通过地方考试即乡试的考生统称"举人"，一旦乡试合格，则终身可参加科举考试，即使在会试（乡试后次年在京师礼部举行的统一考试）中落第，也无须再次参加乡试。总之，成为"举人"后，就能获得相应的各种特权。

此外，明朝开启了科举制度的一大特色，即考生要获得考试资格方可参加乡试。换言之，能参加乡试的，基本是"国子监"的学生（"监生""国子生"）或"府学""州学""县学"等地方学校的学生，即称"生员"（俗称"秀才""博士弟子员"）。其中，必须受推荐方可成为"生员"，但如果想获得"生员"资格的考生人数持续增加，就需要进行选拔，由此朝廷创建了包含"县试""府试""院试"三阶段考试的"童试"（又称"童子试""童生试"）制度。换言之，即使不参加最终的科举考试，成为"生员"即可获得免役税等各种特权，因此参加"童试"的读书人比例逐年增加。但是，因为科举的门槛实在过于狭窄，在明朝末期，"生员"人数持续增加，其庞大的存在已成为一种社会问题。

（二）"登科录"

由于科举是选拔国家官吏的重要考试，因此与科举制度相关，包括官选、私选等各类资料留存至今，其中最重要的资料名曰"登科录"。"登科录"的"登科"，意为"科举登第"（通过），"录"即"名录"（名簿）。"登科录"是科举考试登第者的名簿，但收录内容并不仅限于此，还包括考生人数、考试日程、负责考试的官员一览表、登第者的个人信息、试卷出题内容、参考答案及与之对应的考官评语等相关信息。"登科录"被认为自宋代开始编纂，但现今能看到的宋、元"登科录"，均由明、清两朝的学者整理汇编，而现存的"登科录"中，以明朝资料数量最为繁多。值得玩味的是，就官选"登科录"而言，比起清朝，明朝资料留存状况要好很多。当然，清朝与明朝相比，更接近现代，因此很多当时的试题答案等各种各样的科举资料实物能留存至今，但就公开印刷官选的"登科录"而言，还是明朝保留得更为完整。究其缘由，正是下文详细论述的天一阁所构筑的明代"登科录"这一庞大收藏书目。

明代的科举，称乡试记录为"乡试录"，会试记录为"会试录"，殿试记录为"殿试录"，分别编纂于各类考试结束后。编纂官选"登科录"的主要目的，是将考试结果向皇帝汇报，与此同时，也作为国家盛典的记录和官员的人事资料被保存在官署。另一方面，除官选"登科录"外，民间也有同年登第成为官员的进士们私自编纂的"同年序齿录""进士履历便览"等"名录"。官选"登科录"与私选"名录"的最大区别，即前者是按照成绩排序，后者则以年龄顺序或出身地域排列。后者主攻联谊，同年登第的官员们可以参考"同年序齿录""进士履历便览"等"名录",以形成个人的人脉关系网,在官场上互帮互助,活跃交友。

以官选的文科"登科录"为例,明代共举行乡试90次,会试和殿试89次,与之对应的各类"登科录"就被编纂并版印。此外,"会试录"与"进士登科录"(见图1.3)由全面管辖科举考试的礼部(相当于现代日本的文部科学省)制作,除抄本、复刻本外,各类考试只对应一种文献,但"乡试录"则由负责考试的各省分别印刷,因此"乡试录"的种类会多样许多。乡试最初在11个省开展,此后进行的省逐年增加,最终形成在顺天府(北京)与应天府(南京),以及浙江、江西、福建、广东、山东、山西、河南、陕西、四川、湖广、广西、云南、贵州各省都设置能进行乡试的"贡院"(考场)。因此,总计15种"乡试录"在每次乡试结束后被编纂制作。

图1.3 嘉靖十一年"进士登科录"(一卷,明嘉靖刻本)

在明代制作的"登科录"(不包括武举),总数约有1450种。其中留存至今的文献,虽根据目录会有若干出入,但包括抄本、复刻本在内约550部,除去重复本现存约460种。换言之,明代制成的"登科录",流传至今的约占全本总数的三成。此外,若只限定在版印份数更多的"会试录""进士登科录",则文献残存率高达近七成。

(三)天一阁的"登科录"收藏规模

天一阁收藏了大量的"明代登科录",就其规模而言,现在天一阁所保存"明代登科录"中,"进士登科录"45册(重复本4册)、"会试录"43册（重复本5册）、"乡试录"296册（重复本24册），此外，还有武举的"武举录"15册（重复本4册）、"武乡试录"8册，总计407册（见表1.1），占据中国现存"明代登科录"（包括武举）总数的七成以上。而天一阁所藏文献中，近八成即321种皆为孤本。此外，天一阁"明代登科录"藏本中重复本占整体总数的一成，如《嘉靖七年福建乡试录》《嘉靖四十三年江西乡试录》，同一种类所藏三册，由此可窥探出天一阁的些许收藏原则。

表1.1　现存"明代登科录"数量

	进士登科录	会试录	乡试录	武举录	武乡试录	总计
天一阁	45	43	296	15	8	407
中国其他地方（除天一阁外）	47	41	61	2	4	155
日本	1	1	4	0	0	6
美国	2	4	7	0	0	13
现存总数	95	89	368	17	12	581

另外，除天一阁外，较多收藏"明代登科录"的是北京首都图书馆（26册）、上海图书馆（32册）、台湾"中央研究院"傅斯年图书馆（25册）、故宫博物院国家图书馆（60册，收录于《明代登科录汇编》）等地。与这些汉籍所藏机构的藏书相比，天一阁的收藏量可谓出类拔萃。

从中国以外的地区看，美国议会图书馆收藏的13册"登科录"较为引人注目。日本自古就非常喜欢汉书典籍，曾从中国带回了大量书籍，也收藏了大量明版汉籍，但就"明代登科录"而言，只有内阁文库"进士登科录"1册、"乡试录"4册、国会图书馆"会试录"1册，共计6册。换言之，在日本几乎没有"明代登科录"。究其缘由，其一，日本并不举办科举，从而对于科举实施报告书"登科录"这类文献并不十分关心。其二，"登科录"中大部分内容涉及中举者名簿等，缺乏以读者为对象的藏书魅力。从作为收藏物"登科录"这类文献的意义方面考量，日本几乎没有"明代登科录"这点值得深思。

上文概述了"明代登科录"的现存状况及现在天一阁的收藏规模，就"登科录"的详细内容而言，有许多颇有意思的话题。礼部刊行的"进士登科录""会试录"是连同版木一起保存在礼部。"乡试录"也是在考试结束后，除由各省报送礼部保存外，各布政司也会保存刊本和版木。尽管如此，在明朝初期，特别是洪武年间的"进士登科录""会试录"，在明代中期已经杳无所踪。据朱国祯调查，礼部只保存了明初"会试录"洪武四年（1371年）的资料，而从洪武十八年（1385年）到三十年（1397年）的资料文献均缺失。究其缘由，据称在这段时期成为进士的许多人在"靖难之役"中随建文帝殉命，永乐帝为抹杀这些人的存在，从而销毁了"会试录"。此外，也有研究称不仅是"靖难之役"的影响，也许还有永乐年间从南京迁都到北京的影响等。即便如此，据丘濬考察，永乐二年（1404年）以后的"会试录"均完整保存在北京。若此为事实，则不仅是"会试录"，"进士登科录"存在同样状况的可能性颇高。

但是，在嘉靖年间（1522年—1566年）至万历年间（1573年—1619年），洪武十八年至宣德八年（1433年）的"进士登科录""会试录"，礼部刊本均全部缺失，无法阅览。在嘉靖中期，俞宪校合历科"进士总录"诸本，制成明代进士总录的优异集成文献《皇明进士登科考》，其中集合当时"进士登科录""会试录"全本的则被认为是正统元年（1436年）之后的文献。另一方面，范钦收集的"明代登科录"是自宣德五年科开始，历经正统、景泰、天顺、成化、弘治、正德、嘉靖、隆庆各朝至万历十一年（1583年）的连续五十二科的大部分"进士登科录""会试录"。不仅如此，天一阁的"明代登科录"收藏中也包含了些许明初的孤本。例如，前文中提及的俞宪在自序中论及，嘉靖二十九年（1550年）在增补《皇明进士登科考》内容时，关于洪武年间三科的资料正抄录自范氏天一阁的藏书内容。但是，这些"登科录"在现代的天一阁藏书中已经缺失，在其他收藏机构的藏书中也没有看见。天一阁的"明代登科录"在清末至民国时期，由于各种突发状况而大量流出，而洪武年间三科的"登科录"，在后文提及的清朝阮元的登记书目目录中已经没有记载，由此可推断出该文献的缺失应在更早时期。天一阁的"明代登科录"收藏，在范钦逝世后几度面临流出的危机，因此范钦当时收集的藏本的全貌也基本无可查询。

尽管如此，可以说范钦仍全面收集了明代的"登科录"。值得注意的是，其"明代登科录"的收藏中，不仅有"进士登科录""会试录"，也收藏了许多印刷数量较少、收集难度相对较高的"乡试录"。乡试是各省各自举办的考试，故"乡试录"几乎均集中在举行乡试的当地。因此，能收集如此数量的全省"乡试录"，且按种类分门别类收藏，可谓花了许多心血。

不仅如此，范钦收藏的全面性，还体现在不仅有文举，还收集了武举的试录。现存"武举录"13册中的11册（不包含重复本），"武乡试录"12册中的8册，均是天一阁的藏本。

（四）范钦的"登科录"收藏

天一阁的藏书来源，据说可大致分为购入以丰坊万卷楼为代表的藏书家旧物，范钦在各地任职时的采购与受赠，以及范钦从藏家手中借来善本抄写而成。

那么，数量如此庞大的"明代登科录"藏本又是如何被范钦收集而成的呢？范钦于嘉靖十一年成为进士，其自身参加科举就与"登科录"密切相关。其后，如前文所述，范钦在各地历任地方官员，经中央官制而引退，任福建提刑按察使期间，担任福建乡试的监试官；还曾主持河南乡试。

上文提及俞宪在嘉靖二十九年增补《皇明进士登科考》内容时，涉及洪武年间的三科内容均抄录自天一阁的藏书，由此可见当时范钦所藏"明代登科录"的完整性已广为人知。因此，范钦收集的"明代登科录"藏本的相当一部分内容应该都是引退前，还在各地任职时的购入、受赠或抄写所得。

如今对于范钦当时收集"登科录"的刊本、抄本的困难程度已无可探究，明末藏书家祁承㸁在与友人的书简中曾提及：

> 我朝会试廷试二录，自开科至今，其版俱存礼部。此昭代大典，藏书家不可不存。知兄亦须办此，并为弟刷印一部。但一科不可使缺，所刷者即留之都门，弟自差人来领，至嘱。

《澹生堂集》卷十八《与潘昭度》

以此为据，有学者指出当时印刷"登科录"应该并非难事，也有学者持反对意见，但当时的实际情况到底如何已无从考证。此外，在祁承㸁的藏书目录《澹生堂书目》中，作为当时的书目，设有平日较为少见的"试录"这一项。其中，列有《皇明历科殿试录》70册、《皇明历科会试录》70册等，也许这来自上述引文中"会试廷试二录"

的资料,至于这究竟是将全部"登科录"印刷而成,抑或是选取了其中部分内容,至今已无法考证。

"登科录"最重要的作用,是将其呈献给皇帝报告科举考试结果,因而在各门考试结束后"登科录"会被特别装订以进呈皇帝。在皇帝翻阅之后,"登科录"再分发给执政的高官及负责考试的相关官员。此外,当然也会赐给及第者家族。由此推算,以"进士登科录""会试录"为例,印刷份数约三四百份,以"乡试录"为例,按照各省乡试的"解额"(及第人数)印刷,及第者人数多的省会印刷150份至200份,及第人数少的省则会印刷50份至100份。

据俞宪调查,洪武十八年至宣德八年期间的"登科录",在明末几乎散佚,此后的资料则保存在以礼部为首的官署内。此外,相当数量的"登科录"也会保存在与考试相关的官员家族、及第者的家族或宗族内。但是,分发给考官的"登科录",作为确认维系"座师"(明、清两代举人、进士对主考官的尊称)与"门生"(学生与弟子)纽带的文献资料,或许会有几十年的保存价值,但最终随着保存意义的流失一般均会被处理掉。而对于除考官以外的其他官员而言,"登科录"几乎没有保管的意义。另一方面,分发给及第者家族的"登科录",作为彰显祖父辈功绩、宣扬家族荣誉的资料,会由其子孙辈世代保存,但当家族因为某些原因而没落,失去"科举家族"(频繁出现科举及第者的家族)地位时,作为记录先祖荣光的"登科录"也不可避免会流散出去。

因此,由于各种各样的原因,保管者手中的"登科录"会陆续流入书籍市场并非罕事。但流通数量到底会达到怎样的程度,"登科录"作为商品又具有怎样的价值,都会因为时代及地域的差异而有所不同,现今已无从考证。但是,俞宪的《皇明进士登科考》中记录了范钦同乡、同时代的陆铨购入数册永乐年间的"登科录"并制成复刻本的事迹,而俞宪本人也有同样的举动。的确洪武年间、永乐年间的明初"登科录",在范钦所处的时代已经极为罕见,购入这些资料再制成复刻本确有相当的价值。但是,正统元年以后的"进士登科录""会试录",某种程度而言也许比较容易入手。此外,"乡试录"如要收集自己省份以外的资料会比较困难,但购入价格则较"进士登科录""会试录"可能会便宜。

无论如何,收集"登科录"最切实的方法就是购入,但想收集的"登科录"也未必会在书籍市场上流通。因此,范钦在收集"登科录"方面颇费精力,除购入外,也采用了各种方法。

(五)范钦收集"登科录"的原因

围绕天一阁"明代登科录"收藏的最大谜团,即范钦到底为何会收集数量如此庞大的文献。"明代登科录"的大部分文献均不同于古本或善本,对同时代的人而言,也许它们并不具备作为藏书的收藏价值。即使在清代,制成《天一阁书目》的阮元等也对收藏"明代登科录"没有浓厚的兴趣。如范钦、祁承㸁这般对"明代登科录"收藏怀有极大兴趣的人在现实中虽然存在,但也均被认为属于特例。

祁承㸁对"明代登科录"的收藏颇感兴趣的理由如引文所述,即科举制度是"昭代大典",作为记录的"登科录"也是藏书家不可不存。但是,从《澹生堂书目》来看,他收集的材料也仅限于同族及第者的"登科录"及前文所提及的《皇明历科殿试录》《皇明历科会试录》。换言之,将收藏对象扩大至"乡试录""武举录",对"登科录"分门别类进行彻底收藏的范钦,与祁承㸁还是不尽相同。那么,范钦到底为何对于"明代登科录"有如此的收藏兴趣呢?

对天一阁藏书进行详细研究的骆兆平在其著作中对于范钦收集"明代登科录"的理由做了如下两点归纳：其一，"登科录"作为人事记录的资料，在范钦的政治活动方面具有必要性。其二，范钦要利用"登科录"来编纂书籍《贡举录》。[1]

但是，以前一个理由为例，蔡佩玲在《范氏天一阁研究》中曾指出，"登科录"在范钦的官场生涯中作为参考资料发挥作用这点是毫无疑问的，但若说其以此为目的来收集"登科录"却有点言过其实。[2]对于另一个理由，范钦用收集的"登科录"来撰写与明代科举相关的著作确有其事。现在天一阁中仍收藏着范钦所著的稿本一册。其内容大部分是洪武三年（1370年）至万历七年（1579年）出自浙江的乡试及第者一览表，以及浙江乡试的解元（乡试第一名）一览，洪武四年至万历八年（1580年）的各科会元（会试第一名）、状元（殿试第一名）的姓名、籍贯等内容。作为范钦与科举相关的著作，唯一现存的稿本内容极不完整，几乎已不能称之为书籍，范钦原本最终打算完成怎样的著作，很可惜目前已无从考证。

天一阁的"明代登科录"收藏，虽集齐了万历十一年殿试为止的"进士登科录"，但《贡举录》是至万历八年的纪事，尽管范钦在万历八年左右确实一直在执笔《贡举录》，其后则因为某些事情将这项工作搁置。然而，仅从稿本的完成情况推测，笔者对于范钦针对这本资料的编纂到底投入了多大的热情持些许怀疑态度。如果将"登科录"的收集的重要目的之一理解为是为《贡举录》的编纂的话，那么从更早时期就开始执笔貌似会更加合理。嘉靖年间中期，范钦的"明代

---

1 骆兆平.天一阁丛谈[M].北京：中华书局，1993：106.

2 蔡佩玲.范氏天一阁研究[M].台北：汉美图书有限公司，1991：114.

登科录"收藏已具备相当规模,此外从其嘉靖三十九年辞官至逝去的25年间,如果范钦确实想好好投入完成《贡举录》的编纂,可以说是有相当充裕的时间。当然,现在不能完全否定除天一阁外残存《贡举录》稿本的可能性,因此关于范钦是否投入编纂《贡举录》这一点也不能完全下定论。

此外,从嘉靖年间至明朝末期,出版业空前繁荣,与之相应,科举相关的许多著作相继完成,集成历代科举及第者的"进士名录""举人名录"等被陆续出版。例如,上文已提及的俞宪的《皇明进士登科考》、万历年间张朝瑞参考历科的"进士登科录""会试录""乡试录"等许多科举相关资料编纂而成的《皇明贡举考》等均是代表性著作。除此之外,也有不少从独特视角编纂的"进士名录""举人名录"等明代科举总录。天一阁现在的藏书中,也收藏着俞宪的《皇明进士登科考》、罗洪先等编纂的《皇明吉安进士录》、李濂编纂的《国朝河南进士名录》《国朝河南举人名录》、顾祖训撰写的《状元图考》(残卷)、张弘道等撰写的《皇明三元考》《科名盛事录》(残卷)等"进士名录""举人名录"。如此编纂盛况,与范钦收集"明代登科录"以及执笔《贡举录》的影响也有很大的关联性。

总之,范钦对"明代登科录"的收藏投入极大热情的理由,就实物证据而言,考虑其试图执笔《贡举录》这点确实相当合理,但根据上文赘述,笔者认为这点也并非完全没有疑问。

除范钦外,热心收集"明代登科录"的人也并非完全没有,虽说这与一般收藏家所追求的古本、善本的收藏方向有一定差别,但收藏"明代登科录"这一行为本身,也并非完全不可思议。但是,范钦对"明代登科录"收藏的彻底性,也是绝无仅有。就其收藏理由及收藏目的而言,可以说有些收藏具有明确目的,而有些收藏行为本身就是其目的所在。换言之，并没有特定目的或者理由，而纯粹为了收藏的想法也确有存在。范钦收藏"明代登科录"，理解为"为收藏而收藏的行为"更为妥当，也许没有必要去探究其收藏背后的现实意义。

（六）天一阁"登科录"其后

不仅仅是"明代登科录"，天一阁藏书在范钦逝世后屡遭危机，很多的藏书现在已经消失无踪。单就"明代登科录"而言，相当数量的资料已完全缺失。当然，从天一阁流出，其后能保存在其他收藏机构的资料还算幸运，更可惜的是，有许多"明代登科录"从天一阁流出后就彻底消失。迄今为止曾有数本与天一阁的藏书相关的统计目录，比较这些数目，就能大概了解"明代登科录"的散佚状况。（见表1.2）

表1.2　天一阁"明代登科录"收藏数量的变迁

	进士登科录	会试录	乡试录	武举录	武乡试录	总计
阮元《天一阁书目》（册）(1808)	68	62	299	33		462
薛福成《天一阁见存书目》（种）(1884)	54	54	354	8	16	486
冯贞群《鄞范氏天一阁书目内编》(1937)	45（4）	43（5）	296（24）	15（4）	8	407（37）
骆兆平《新编天一阁书目》(1996)	45（4）	43（5）	296（24）	11（4）	8	403（37）

注：（ ）内为重复本数量。

根据清嘉庆十三年阮元编《天一阁书目》（记录册数）的不完全统计，共有"进士登科录"68册，"会试录"62册，"乡试录"299册，"武举录"33册，共计462册。阮元之后，光绪十年（1884年）薛福成的《天一阁见存书目》（记录种类）统计中著录"进士登科录"54种,"会试录"54种,"乡试录"354种,"武举录"8种,"武乡试录"16种,共计486种。由于阮元的目录并不完整,因而无法正确推测"明代登科录"的散佚状况。

其后,1914年,天一阁藏书再次大量被窃,其中包括相当数量的"明代登科录",连范钦自身及第的"乡试录""登科录"也包含在内。在当时虽遭劫难但其后有幸被天一阁追回的《嘉靖十一年进士登科录》中,范钦十一世孙范玉森曾提笔将此事做简单概括:

> 先司马东明府君举嘉靖戊子浙江乡试,迄壬辰举进士。乡试录、登科录敬藏天一阁,自明迄今四百年矣。去岁夏,阁书失窃,销售于沪上各书肆,好古家争购之。逮裔孙至杭,至沪,控追已不及,以致全书一无返璧,曷胜叹憾。邑中张让三先生,先君子旧好也,今夏从上海友人处得此两录,暨先礼部潞公府君手抄诗稿,交小子还藏阁中。

1914年的盗窃事件中,天一阁散出书籍以吴兴蒋汝藻的传书堂收得最多,此后蒋氏事业失败,这批藏书被再次销售。多数的"明代登科录"流归上海商务印书馆,放在涵芬楼(即此后的东方图书馆)里。当时,商务印书馆的负责人张元济非常重视这些科举考试文献,例如其在现在收藏于上海图书馆的《嘉靖二年会试录》跋文中所记收得乡里先人郑晓及第的乡试录、会试录,"且两录并存,尤为罕有,征文考献,洵足珍已"。当时,张元济所购得的"明代科举录"多达75种。

然而,商务印书馆的东方图书馆毁于"一·二八"事变的战火中,其中所藏的"明代登科录"也深受其害。当时,《弘治九年进士登科录》《嘉靖五年进士登科录》《嘉靖十七年进士登科录》《成化十四年会试录》《弘治三年会试录》《弘治九年会试录》《嘉靖五年会试录》《嘉靖十七年会试录》《弘治十五年湖广乡试录》《弘治十七年湖广乡试录》等文献消失殆尽。

从天一阁流出的"明代登科录",除流入上海商务印书馆外,也流入了其他公共图书馆及江苏、浙江两省的藏书家手中。其中,著名的明抄本《建文二年进士登科录》《建文二年会试录》等资料流入当时的北平图书馆,现今收藏于台湾。

总之,由于近代以后的战乱等原因,相当数量的"明代登科录"四处散佚,范钦当时收藏的"明代登科录"的规模与如今天一阁所藏相比要完整很多,这点毫无疑问。从种种目录记录来推测,至少应有"进士登科录"超68册,"会试录"超62册,"乡试录"超354册,"武举录""武乡试录"超33册,总计收藏数量应超517册。

冯贞群(1886年—1962年)编《鄞范氏天一阁书目内编》全五卷是最为详细的天一阁藏书目录,著录劫余的当时藏书"进士登科录"41种,"会试录"38种,"乡试录"272种,"武举录"11种,"武乡试录"8种,合计370种。此外尚有重复本37册。冯贞群的目录记述与现在天一阁的藏书相一致。将该目录与光绪十五年(1889年)的薛福成的目录相比,除去重复本,这50年间散失竟达116种之多,换言之,二成以上的"明代登科录"收藏均各处散佚,杳无踪迹。

历经诸多艰难而留存至今的天一阁"明代登科录",向来基本不对外公开,除去极少数的外人,研究者均不能使用这些资料。所幸的是,天一阁所藏"明代登科录"影印的复制本已出版,即《天一阁藏明代科举录选刊·登科录(线装八帙·全四十七册)》(宁波出版社,2006)、《天一阁藏明代科举录选刊·会试录(线装六帙·全三十八册)》(宁波出版社,2007)、《天一阁藏明代科举录选刊·乡试录(线装四十八函·全二百七十六册)》(宁波出版社,2010),这些影印本的出版使得范钦毕生所藏的大部分"明代登科录"可供阅览。

通过大量收藏"登科录"文献,科举这一国家盛典的最基本记录数据得以流传至今,范钦的这一功绩着实相当伟大。

第二节　宁波的乡土史料《四明丛书》

一、史料编撰与故乡之思

(一)前言

曾有人说,无能的僧人为留名而整修寺院,无能的政客为留名而编纂统括地域的史书。这段话是否属实尚未可知,但各地确实都在编写县史、市史等地方志,这些均是宝贵的文献资料。文献内容相当丰富,收集了各种资料,从行政历史、区域、产物到产业、事件、人物,读起来耐人寻味。这类书籍的编纂当然不是日本固有的产物,其源头来自中国。

中国史书的主流,是王朝史。最有名的案例当属新王朝在整理前朝记录的过程中,会不断编写出史书。此类史书被称为"正史",基本包括司马迁的《史记》以及其后的二十四史。撰写上至黄帝下至汉武帝初期历史的《史记》,是中国史书的古典佳作,与古希腊历史学家希罗多德的《历史》齐名,广为人知。

史书还包括其他种类。其中,展现地域特点的史书被称为地方志。这原本并不属于史书,而是整理网罗当地历史、行政区域、产业、人口等方面的文献，因此成为研究地方史、区域史的重要史料。搜集这些地方资料的编者，有时会将材料统括编纂，称其为"丛书"。江南各地均有丛书，相当部分的丛书编纂于兵荒马乱的清朝末期。为何选在这一特殊时期编纂丛书？下文以《四明丛书》为例，与读者共同探寻其缘由所在。

(二)《四明丛书》编纂背景及编纂者

人类会留下记录，其动机当然各种各样，但最根本的原因恐怕就在于关心自我和自身所处的社会。记录的代表之一就是日记，日记也被认为是探寻鲜活个人及其所属社会的宝贵史料。同时，日记也是研究各个时代的绝佳记录。

如果个人拥有记录，那么国家及地区当然也有。国家会将社会上留下的各种各样的记录汇集起来，这就是上文所提及的史书。中国从古代开始就一直在持续编纂王朝史。而地方版的史书就是地方志，宁波的地方志被称为"四明志"。

之所以会冠以"四明"的称号，源于地处宁波市中心鄞县西南的四明山。四明山以道教为尊，被称为第九洞天。所谓洞天，指神道居住的名山胜地，也称福地。四明山又称丹山赤水洞天，相传群峰之中，上有方石，四面如窗，中通日月星辰之光，故称四明山。四明山作为宁波地区的名山，亦是宁波的象征，由此，宁波也有明州这一雅号、雅名。京都仿照中国古都洛阳的雅号就是一例，去京都也可称为"上洛"。当然，对生活在群山环绕中的日本人而言，四明山既不算耸立挺拔，也不算宽广辽阔。但是，作为宁波地区首屈一指的名山，四明山集合了众多信仰。因此，其和地方志、当地许多物品的名称均有所关联。

中国有编纂书籍且制作集典籍于大成的习惯。《永乐大典》《四库全书》等朝廷敕选的典籍类名称，在教科书中也有刊载。除了记录保存外，也有给予读书人工作从而抑制其对朝廷不满的作用。这类的编纂事业在地方上也有进行，即地方志的编纂。整理当地留存下来的书籍、文献，制成地方志的工作，是以当地学者为中心而推进的。日本县史、市史的编纂也是如此。

这项工作会持续进行，因为随着时代推移，不断有新的内容加入，抑或是做成其他形式，这就是地方丛书的编纂。丛书是将很多书籍进行分门别类的整理。所谓地方丛书，即收集与当地相关的书籍，在分类整理的基础上刊行。其中，江南的大部分地方丛书均编纂于近代。支撑中国经济的江南地区为何会有如此现象？特别是太平天国运动（1851年—1864年）以后，有相当多的丛书被编纂出刊，这个问题值得深思。究其缘由，外国势力的压迫及太平天国运动造成的社会混乱状态，引发了学者对故乡的兴趣，他们随之展开针对当地历史的二次研究及相关书籍的编纂。由此，考察清末地方丛书的编纂就与近代的国难不无关联。《四明丛书》也编纂于这波风潮中。那么，何为《四明丛书》？首先，值得关注的就是书名。正如前文所提及，"四明"是宁波的雅名。所谓《四明丛书》，就是对"明州"即"宁波"丛书集的格调高雅的称呼。

《四明丛书》的编者是张寿镛（1875年—1945年），详细内容请参阅本节第二部分内容。出身宁波的张寿镛，一直身处乱世，1912年见证中华民国的成立，其间也历任浙江、江苏、湖北、山东财政厅厅长，后任中华民国财政部次长、政务次长等职。此后长揖辞官，以办学、编书为乐，其中共辑刊《四明丛书》八集。这些书籍在日本的图书馆中收藏状况较为完整，但保存第七集和第八集的图书馆并不多，基本以前六集的收藏为主。《四明丛书》中两晋六朝时期的资料较少，基本均是唐朝以后的文献，其中宋、明、清的出版物占据主流。

《四明丛书》的内容以宁波地区历代学者文集、诗集以及相关书籍为主。丛书中还有另一种类，即未刊行的第九集中有为编纂《四明丛书》所收集的书籍目录。这套丛书对提高生于清末民初的学者的学术教养大有裨益。

（三）《四明丛书》所论及的宋代宁波

先祖从华北迁至宁波的学者王应麟（1223年—1296年），进士及第，其父王撝曾任温州知州，从小受到严格家教。王撝为楼昉学生，楼昉出身于宁波附近婺州（今金华）的望族楼氏，绍熙四年（1193年）进士及第，曾师从南宋著名思想家、文学家吕祖谦（1137年—1181年）。吕祖谦出身"东莱吕氏"，吕氏一族自北宋建国初期就频出科举及第者，并诞生了多名官至宰相的高官。吕氏一族在靖康之变（1127年）后南迁，此后定居金华醉心学术，涌现出众多儒学宗师。吕祖谦是当时的著名学者，影响力颇高，他促成了南宋思想大家朱熹（1130年—1200年）和陆九渊（1139年—1193年）在淳熙二年（1175年）鹅湖寺（今江西省铅山县）的"鹅湖之会"。

王应麟父亲的任职地温州是南宋著名学派叶适（1150年—1223年）永嘉学派的据点，因此其一直身处江南学术研究异常繁荣之地，王应麟也是如此。在进士及第后，王应麟依然热心学术研究，师从朱熹弟子王埜，通过王埜受到了南宋后期代表性学者真德秀（1178年—1235年）的影响。换言之，王应麟可谓集南宋地方诸多学者各类思想于一身。王应麟到地方赴任的时期不多，基本作为中央官吏身处朝廷之中。另一学者郑真，并不出身于盛产官吏、学者的家族，对其进行过详细考察的是小林晃。下文将结合郑真编纂的《四明文献》这套书籍，介绍其相关研究。

郑氏家族最初作为官吏出名的，是南宋末年"选人"身份的下级官吏郑钧。虽然其仅获得"选人"而止步，但在当地还是声名大振。其子郑登，并无及第做官等经历，其后的继承人为郑芳叔。但郑芳叔其实并非郑氏所出，而是从范氏过继而来。范氏和王氏家族相似，均是从华北南迁后成为宁波的望族之一。范氏在南宋末期出了工部尚书范楷，郑芳叔是其从孙。郑氏原本家贫，无甚藏书，究竟当初因何种缘由，郑芳叔才会从实力雄厚的家族过继至贫困人家当养子，现在已无从考证。

郑芳叔是否不善学问？在宋代的江南地区，书籍的多少被视为家族是否繁荣的象征，书籍丰富的家族可以让后辈子弟做学问，进入官场。由此，笔者认为郑家是否繁荣与郑芳叔是否不善学问是同类问题。其实，郑芳叔与其子郑觉民均在元朝为官。郑觉民的儿子就是郑真。郑氏一族相较王氏一族虽不可同日而语，但他们能够整理宁波的历史以及宁波当地文人的记录，编纂作为《四明丛书》"先驱"的《四明文献》，可以说也是那个时代文人的象征。

无论在官场上是否成功，这两个家族都有相似之处。均是从华北迁至宁波，励志学问，光宗耀祖。此外，也能推测出两者均与当地的权势颇有渊源，才能探查四明的文献记录，刻画出当地士大夫所处的世界。由此，从王氏家族也能探寻到潜藏在江南的文人墨客与其周边区域的关联。

身处四明社会中心的还有名门望族史氏[1]。如前文所述，宋朝已是

---

[1] 关于史氏的具体内容，请参阅本书第三章中《专栏　东钱湖墓葬群与史氏》。

文人极为活跃的时代，不仅好学之士频出，各地方学派也是欣欣向荣。各学派文人基本均以科举及第、参与朝廷建设为最终目的，涌现出许多杰出学者。南宋政权由于诞生于富饶之地，因而文人的活动相当活跃，其中更不乏力倡"事功"者。在明州，颇受瞩目的名门望族就是史氏一族。

这一族自北宋末年起频出科举及第者，后势力逐渐扩展至官场，最终深入朝廷核心中枢，官至宰相者辈出。但是，其繁荣也止步于南宋，并未跨越时代。如今，在宁波市郊外东钱湖畔的史氏墓葬石刻群已成为观光景区，诉说着曾创下辉煌历史的家族故事。

史氏一族的势力曾达到能左右皇帝遴选的程度。虽然一般认为帝位的继承有一定规则，但其实也并非完全如此。围绕帝位继承的纠葛屡见不鲜，包括皇室、王族、朝臣间的各种明争暗斗。参与其中当然危机四伏，如果成功就能获得至高无上的权力，而一旦失败则通常被株连九族。在如此的危机中能最终获得胜利，由此可窥探些许当时的史氏自身抑或是宁波地区所拥有的势力。

南宋时期的政府高官还有一大特征，即相较北宋的官员留存下庞大数量的各类资料，南宋的官员几乎没有留下什么应该留存的资料。史氏一族也是如此，因此，现今已无法探知身处权力旋涡中的他们背后的各种隐秘。然而，能对其形成补充的就是宁波当地文人的记录。如前所述，宁波当地的文人，通过构建浓厚的家族关系形成社会联结。因此，这也是《四明丛书》的重要性所在。

（四）前人的记录

阅读这些跨越时代、被持续编写出来的地域、地方史书及编纂书籍，读者眼前即能浮现出当时的人们及其所处的时代，《四明丛书》

展现的世界理应会引起读者的共鸣。

通过这些书籍，能窥探出当时的动荡时代及扎根于江南宁波、开枝散叶的豪门望族的些许实态。同时，也能看到在同样的时代下并没有光鲜亮丽背景的普通人的样态。书籍能记叙诸事，因此，处于激烈社会动荡中编纂当地史料的人们，探寻到了曾经辉煌的宁波的各种样貌。

笔者想探讨的宁波样貌，并不仅限于《四明丛书》所收集的书籍及其执笔者。通过考察碑文等其他史料，也能探查出许多当时流落海外但依然对故乡怀有深厚眷恋的人们。通过这些材料，笔者想补充若干生活在市井中的布衣百姓的记录。

一般史料很少涉及市井之人的生活样貌，尽管也有各种各样的文献记录被保存下来，但仅凭这些很难考察出他们的实态。因此，笔者尝试寻求石刻史料，将其作为考察线索。在日本，石刻记录非常稀少，即便向神社祭礼捐赠财物，也很少刻在石头上留存记录。但是，在中国却有许多石刻记录，能刻录的并不仅限于石材，也有很多刻在金属上的记录，即所谓的"金石文"。通过这些金石史料，也能窥探出当时百姓的各种样态。

在宋代的中国与日本之间，百姓间的交流始于日本平安时代末期，即唐朝灭亡、日本开始进入镰仓时代的这段时期。当时的交流只出现在民间，而民间交流的主力则以商人为中心，也有不少渡航在宁波与日本之间往来。日本源平之争时期制霸东北的奥州藤原氏运送黄金、佛典等均要经过宁波。

因此，也有不少宋人来到日本。日本的博多与宁波间被规划出了多条航海路线，商船频繁往来，日本的渡航僧侣也基本走这条航线。这里，笔者想探讨那些社会更底层的普通百姓，他们是留在碑石上的人。

在日的宋人能显现出来的证据，是在中国发现的石碑。宁波的寺院可以布施，因此，很多人纷纷捐资捐物，其中就有住在日本的宋人。在故乡正经历动乱的过程中，也有不少人生活在海外。尽管他们与当时的动乱无甚关联，但对故乡的思念能流传下来，就缘于记录住在博多的宋人的捐献碑文。

"住在日本国博多的来自宋朝的佛教弟子，捐赠宁波寺院道路修整费用"，大致概括为以上内容的碑文，于1985年左右在天一阁的收藏碑石群中被发现，这点耐人寻味。天一阁是闻名天下的藏书楼，不仅是《四明丛书》相关书籍收集的源头，也是展现宁波文人学术顶峰的图书馆，但那里还存有刻画普通百姓生活的遗迹，这类遗迹还留存在许多其他地方。

在此以来日的工匠，也包括石匠为例说明。从九州至关西的许多石器工艺品，均由来到日本的中国石匠[1]制作，他们并不是记载在《四明丛书》中的人物，但如今我们也能或多或少探寻到他们在日本的轨迹及一族的谱系。最终被埋没在日本的石匠们的活动，也加深了宋日交流。碑文展现出那些支撑着诞生《四明丛书》这类书籍的社会根基的人们的存在。从碑文中能推测出住在日本的有当时的宋人，他们也曾与故乡的亲人联络，还曾给故乡的寺院捐赠财物，展现出社会的深刻性。因此，丛书所没有述说的世界同样值得我们关注。

二、《四明丛书》编者：张寿镛的文献收集

《四明丛书》是研究宁波地区历史文化不可或缺的重要文献，其

---

[1] 关于石匠活动的具体内容，请参阅本书第三章。

遴选宁波地区作者历代著作及与宁波相关的重要书籍，是一部编集宁波乡邦文献的郡邑类丛书，共计八集，178种，1177卷，其规模在以往历代中国其他州郡丛书中也属相当庞大。各集卷首先撰一总序，逐一介绍该集收录之书籍、前人有关该书的评语、作者生平，收录的每一种典籍都有丛书编者所撰的序或跋，详述编辑之由、刊刻之故。

尽管丛书规模如此巨大，却并不依靠政府或团体，而是以宁波籍文人张寿镛一人长期收集的文献为中心，历经数十年岁月，在志同道合的同乡及友人的支持下，凭借个人之力编纂、出版而成。

本部分将通过整理张寿镛的文献购买记录及读书题跋等记录，考察《四明丛书》编纂之际的资料收集情况，从而探寻张寿镛的人生经历及民国时期书籍流通中心北京、上海的样貌，分析张寿镛文献收集的原动力，探索《四明丛书》底本的收集过程。

（一）《四明丛书》的编者张寿镛及其文献收集

张寿镛，一字伯颂，号咏霓，别号约园，浙江省鄞县人。光绪二十九年（1903年）举人，次年至辛亥革命（1911年）期间，历任江苏省地方政府提调（提举调度物品、人员的官吏）、文案（制作、管理书籍的官吏）等职。辛亥革命后历任浙江、湖北等地财政厅厅长，1918年夏赴任财政部，移居北京。

张寿镛在民国初期担任浙江、湖北等地财政厅厅长时，就已经立志收集乡土资料，移居北京后，更频繁出入书肆，收集古典书籍。他也曾被任命为江苏、山东省财政厅厅长，但因为地方势力的排挤或未能赴任，或就任后仅一周就被迫辞职。这些经历一方面令张寿镛对中国社会的现实深感忧虑，另一方面他也利用这段时期将更多精力投入之前因工作忙碌而无法专心的读书与书籍收集工作。留京这段时间，他曾作诗"海王村彳亍，泂为医俗方（《闲散》[1]）""访书聊遣日，奈此世风何（《留京》[2]）"等，由此可窥探其当时的心境。诗中的"海王村"，位于北京琉璃厂东街北侧，是明代为烧制修建宫殿的琉璃瓦官窑而发展起来的街道。这一带自乾隆年间起就作为以书市、文房四宝、古董为中心的商业街而得以繁荣，在清朝中期至民国年间，既是中国最重要的古籍、文物集散地，也发挥着集结北京官吏、文人的重要文化空间的作用。特别是1911年辛亥革命后，伴随清王朝灭亡的巨大社会变动，一部分宫廷珍宝以及贵族家财也流入此地，琉璃厂商贸变得更为活跃。张寿镛也在这种氛围中品味着反复流连书肆的乐趣，并先后入手摹宋本《临安志》《全谢山句余土音》等书籍。

1923年，张寿镛再次就任浙江省财政厅厅长，1925年任沪海道道尹、1926年赴任财务部总务厅长、1927年任江苏省财政厅厅长，1927年10月至1932年7月任民国政府财政部次长（相当于日本财务省副大臣）。其间，张寿镛对江南地区的地方财政及民国政府的财政建设贡献巨大，在民国政府北伐运动的资金调配方面发挥了极大作用。尤其是1925年5月21日就任沪海道道尹后，上海随即发生中国近代史上著名的五卅惨案，张寿镛作为国民政府的代表，在处理事件的过程中，与租界当局严词相争，在保护学生、维持社会治安秩序及市民生活等方面，尽职尽责承担起调整协调工作。

五卅惨案的发生，对张寿镛后期的人生影响巨大。惨案发生后，上海基督教大学圣约翰大学校方以高压手段阻挠爱国学生声援游行中被枪杀的学生及市民，作为对校方行为的抗议，数百名学生宣誓脱离

1　张寿镛.约园杂著续编 影印本 卷六[M].上海：上海书店出版社，1992：19.

2　张寿镛.约园杂著续编 影印本 卷六[M].上海：上海书店出版社，1992：20.

圣约翰大学。张寿镛及社会各界人士慷慨解囊、捐款捐地，经过悉心筹备，创建私立光华大学，张寿镛兼任校长。张寿镛将光华大学的成立，视作脱离中国近代以来以教会大学为中心的大学教育现状的重要事业，将其列入与年轻时期的科举及第以及结婚并列的"平生第三大乐事"，并言"誓将与终身，中途岂弃置"（《光华二首》其二[1]）。

另一方面，自1930年秋起，张寿镛在友人的鼓励与帮助下，开启多年心愿中的宁波地区文献刊刻出版计划，着手开始《四明丛书》的编纂工作，于1932年冬完成第一集24种142卷的刊行。此后，他将自己的最大精力注入光华大学的运营与《四明丛书》的编纂出版。为专心做好这两方面的工作，张寿镛先后辞去江苏省财政厅厅长（1930年）、两次辞任民国政府财政部次长（1931年、1932年），自1932年7月起，再未担任过政府官职。

1922年回南方后，张寿镛的文献收集工作相较之前更为积极。因为工作关系不停辗转的杭州、南京及其周边区域均是历史文化积蓄丰厚之地，也是明清学者、藏书家辈出的地区。此外，上海也自19世纪后半期开始成为中国南方最重要的出版中心地，书籍流通及文人交流相当活跃。在这样的文化环境中，张寿镛投入巨大精力通过购入、抄写等方法收集文献，从其藏书题跋中可以看出。除北京外，他也在杭州、宁波、苏州、上海、镇江、南京等处购置书籍。例如，全祖望删定的《晋书》，张寿镛从宁波以五百番（当时的货币单位）购入，自行校勘（据《约园杂著三编》）。又如，在镇江用一千番购入歙县宋氏一览楼旧藏的以阮元等宋版为底本校勘的《太平御览》及天历刊本的《范文正公集》（据《约园杂著三编》）。

---

1 张寿镛.约园杂著续编 影印本 卷六[M].上海：上海书店出版社，1992：25.

张寿镛藏书的入手途径，除从书市购入外，也离不开同样关心这些文献资料的各方文人及友人的支援。张寿镛通过他们的介绍购入许多地方旧家的藏书，或与友人互相传阅书籍，再抄录、校勘而成。例如，在张寿镛的题跋中屡次提及的冯贞群、张冷僧（1882年—1965年）就是其中的代表性人物。冯贞群，籍贯浙江宁波，热心于宁波地区乡土资料的收集，是大力支持张寿镛《四明丛书》编纂、刊行的友人之一。他不仅无条件提供自己的藏书，更不遗余力地承担起丛书的编纂、校对与出版的实际操作。张冷僧，名宗祥，籍贯浙江海宁，与张寿镛相似，醉心于乡土资料的收集、古籍的收集校勘及出版。民国初期张冷僧兼任如今中国国家图书馆前身京师图书馆的主任，对图书馆的古籍整理和目录编纂贡献巨大。1922年，张冷僧任浙江省教育厅厅长，在任中为因战乱而散佚、破损的文澜阁《四库全书》的抄补工作各处奔走，也对浙江省图书馆的建设及浙江大学的创立等发挥了极大作用。张冷僧与张寿镛二人不仅在工作上互相合作，更在书籍收集、校勘与研究方面志同道合，经常切磋琢磨，两人的深厚友情与围绕书籍的交流在离开杭州后依然持续着。由题跋可见，张冷僧与张寿镛一起拜访过张氏适园的藏书（据《约园杂著三编》）。此外，他还将浙江学者谭献校勘的《意林》及自己抄写、校勘的《赵氏家藏集》等书籍赠送给张寿镛（据《约园杂著三编》卷三、《约园杂著三编》卷二）。

张寿镛的文献收集工作及与协助《四明丛书》编纂的工作人员的关系，从《约园杂著三编》卷二收录的《童柘叟遗著十八种》题跋里记载的其与友人童庚年的交往便可窥见一斑。童庚年，籍贯宁波慈溪，同样对四明乡土资料的收集非常热心，曾将宋代邓椿创作的《画继》、黄宗羲选定的《剡源文抄》等书物、全祖望的《鲒埼亭诗集》

刻板等悉数赠予张寿镛。张寿镛将《剡源文抄》收录于《四明丛书》第一集，而对极为珍贵的《鲒埼亭诗集》刻板则没有接受，而是保存于上海四明旅沪同乡会，并与会友张申之约定共印刷五十余部。然而，印刷尚未完成之时，童庚年已去世，其子遵循父亲遗志，将遗稿赠送于张寿镛。张寿镛将此中过往写成《归田老人诗话》收入《四明丛书》中计划出版，但在写完该题跋数月后去世，以致这份计划最终未能实现。题跋文详细记录了童庚年的经历及其著作，饱含作者对故人的深厚感谢之意。

1937年7月卢沟桥事变后，8月13日日本军队开始进攻上海。在当时的国民党军队在与之激烈交战的三个月间，光华大学因地处战区，校舍全部被日军炸毁（见图1.4）。张寿镛一面为在四川成都筹备分校而奔走，一面又苦心维持上海校区，仍坚持租房上课，未曾间断。1941年12月太平洋战争爆发后，为不向日军屈服，光华大学决定停课，但仍以"诚正文学社""格致理学社"以及初高中"壬午补习社"等名目继续授课，在克服种种困难后终于迎来了抗战胜利。在此期间，张寿镛由于历经多重苦难，不幸在抗战结束前一个月即1945年的7月15日去世。

图1.4 遭日军轰炸后的光华大学校舍

从抗日战争开始至太平洋战争全面爆发，这段时期对于作为藏书家的张寿镛而言，也是人生中的另一段重要时期。1937年卢沟桥事变后，日军大举侵略，许多国人陷于战火，由于战争带来的经济危机，藏书也被大肆破坏，无法保存，许多散佚的书籍流入上海市场。目睹美国及日本等海外资本大肆劫掠文献的张寿镛、张元济、何炳松、郑振铎等当时留在上海的有识之士痛心疾首，深恐如此重要的文化遗产流入海外，遂联名致电重庆的国民政府，打算阻止更多典籍文献外流。1940年，国民政府采纳了他们的提案：以张寿镛、郑振铎为中心，为政府秘密展开古籍收集保存工作。他们收集各处信息，在紧急寻购已经流入市场的贵重典籍的同时，为防止成批藏书散失，说服藏书家尽量不出售，对于确有难处必须出售者则设法整套购下。这项工作，不仅需要有能鉴定古籍的专业学识、高价购买典籍时的决断力，更需要有收集大量信息和频繁处理金钱纷争的耐心，可谓极其劳心劳力。不仅如此，在日军侵占下的上海秘密为国民政府展开这项工作本身，也时刻伴随危险。尽管这样，张寿镛等人面对种种困难，始终秉持定要将先人文化遗产留给后世的民族使命感。在1940年初至1941年末的近两年间，据说张寿镛与郑振铎两人就购书事宜的相关书信垒起来高达30厘米。在1941年太平洋战争全面爆发后，上海租界完全被日军控制，收购古籍工作不得不终止。但就在这两年间，他们通过不懈努力，购入诸如著名的玉海堂、群碧楼、张氏蕴辉斋、邓氏风雨楼、海盐张氏、刘氏嘉业堂的明版1200余件以及陶氏涉园留在上海的藏书等许多重要典籍，总计善本图籍3800余种，其中宋、元刊本300余种，均收藏于当时的中央图书馆，据称该数量占据现在台湾"中央图书馆"所藏珍贵典籍的三分之一。但是，直至张寿镛去世，他们所做的这项伟大工程仍然没有对外公布。在1945年11月郑振铎通过报纸刊载典籍目录时，这项伟绩才为世人所知。张寿镛在购入典籍过程中，永远以政府购入为最优先，遇到好的文献时，会校勘、抄录以留存资料。这段时间所增加的写本和校本,均以这种方式入手。

以上就张寿镛经历及藏书活动进行了考察,下文拟探究其藏书的原动力、当时的时代背景及其藏书特征。

(二)张寿镛文献收集背景及其藏书特征

在考察张寿镛书籍收藏的过程中,最值得深思的是其即使在担任中央或地方财政长官这类责任重大的职务、处理各类重要事务时期,抑或是在特殊紧张年代需交涉各类繁杂事项时期,也完全没有懈怠读书和藏书工作。张寿镛为何对古籍收藏有如此热情?答案可能藏在其购入书籍或校勘、整理书籍时所写的题跋中。

首先,是其自身对读书的执着,即对知识和学问的热爱。张寿镛除对历代政治史、制度史、经济史颇为关注,对财政问题有自己独到的见解外,对中国古代的经学、文学、史学等也很有兴趣,在这些领域均有所建树。对张寿镛而言,读书并不是为了做官,在其人生中,读书比做官具有更为重要的意义。"积五十载之时光,储十六万之卷轴。以私人之力而欲与秘阁抗衡,可谓痴矣。然吾愿我子孙多作书痴,不愿我子孙习为宦巧也。"[1]从上述文字中也能窥探其对待读书的态度。因此,即使在公务最为繁忙时期,工作结束后他依然会为修身养性而读书;即使在局势最为紧张的状况下,他也依然能坚持读书。

其次,张寿镛收集古籍的另一层原动力,就是目睹自19世纪中叶起由战乱或社会变动所导致的极为显著的文献破坏及流失状况,即中国学者的危机感。张寿镛所处的清末至民国初期,由于清朝考证学的发达,学者们对地方志及地方史料等地方类文献比以往更为重视。一方面,19世纪中叶起的太平天国等战乱,给中国南方的经济和文化

---

[1] 张寿镛.约园杂著三篇 影印本 卷三[M].上海:上海书店出版社,1992:22.

带来巨大打击，大量文物、文献被破坏。另一方面，外国势力的入侵带来的经济方面的影响。辛亥革命后中国开始了军阀混战等，身处其中的人们接二连三受到各种打击。在如此连续的灾难中，最为重视家族、宗族，对地域、乡土连带感受最为强烈的中国学者，目睹乡村的荒废、国家的衰退、大量文物的散失，深感拯救濒危的贵重典籍、收集先人留下的地域文献资料、将其传于后世的重要性与必要性，如何收集、保存这些重要文献，就成为相当紧迫的课题。具有这种危机感的不仅是张寿镛，还包括前文所提及的张寿镛的友人冯贞群、张冷僧等，这是清末至民国时期的众多学者和古籍收藏家的共识，这种认识支撑着该时期中国古籍及地方文献资料的收集和研究，也是这些学者最为重要的原动力之一。

基于上述理由，张寿镛在日常读书、研究和文献收集的过程中，对自己的故乡四明地区的历史、文化尤为关心，逐步萌生了想要刊刻四明文献的想法。从1930年秋开始，在同乡友人的鼓励和切实援助下，张寿镛开始着手四明地方文献《四明丛书》的编纂出版工作。其后，他将收集和出版四明相关先人著作、四明地方的乡土资料作为自己的终身事业并为之奋斗。从这时开始，《四明丛书》的底本选择、异本校勘的资料收集也成为张寿镛搜求文献的具体目标，已收集的优秀文献成了《四明丛书》的底本、校本或参考资料。此外，由于张寿镛的观念也是当时文人的共识，该项资料收集工作也得到了许多人的支持，不仅包括前文提及的冯贞群、张冷僧、童庚年等具有相同抱负的亲友，也有许多人了解他们在收集、刊刻乡里先哲的遗著时，特地带着各种书物前来协助。张寿镛提及《四明丛书》第一集至第七集的160种、1077卷文献的底本中，《四库全书》录著者占十分之三，十分之二是冯贞群的藏书，十分之一属于友人及作者子孙的藏书，十分之四是张寿镛自身在40年的岁月中收集而成（《约园杂著续编》卷八《编辑四明业书记》）。如此，古籍的收藏与《四明丛书》的编纂、出版完美关联，贵重的文献资料不只秘密保存于个人书库，更以编纂、出版地方文献丛书的形式得以公开，以供更多人参阅。

在《四明丛书》第一集行将完成出版时，1931年9月，"九一八事变"爆发，东北三省被日军占领，1932年1月日军突袭上海驻军，强占闸北。该事件对张寿镛造成了巨大冲击，也对《四明丛书》的编纂内容产生了极大影响。在《四明丛书》第一集的后序中，张寿镛提及本丛书所收录著作的作者虽然仅限同一地区，但记录的内容并不只限某一时期或某个地域，更为重要的是传承于广阔的世界及百世的后人，尤其强调给予满怀"家国之痛"又不愿苟且偷生的人们以勇气和毫不动摇的信念。"无益之书不读，无益之文不作""予人以可受，盖经生之所志者然也"。此外，从1933年开始编纂至1934年秋刊刻而成的第二集中，收录了许多宋末元初、明末清初的忠义节烈的相关记录及其诗文集，这也是在当时历史背景下的必然选择。在第二集的后序中，张寿镛高度颂扬那些历史上为国难舍生忘死的英雄们，意将他们的事迹传于后世，以此勉励后世，让子孙后代了解他们的苦难，懂得勇气的重要性。这也是张寿镛编纂、出版《四明丛书》的目的所在。在1937年9月刊行的第五集序文中，张寿镛引用元末明初诗人吴志淳的诗句"为儒已入他州籍，垂老频收故国书"来论述自己的现状："斯世虽乱，吾心不乱。积一二月之心力汇五百载之献文，枪林弹雨之中，汗竹秋灯之下，勉写成篇，以报乡先哲于万一。倘亦他州作客，垂老收书之意乎？"[1]从上述引文能些许推测出当时张寿镛收集资

---

1 张寿镛编.四明丛书 第五集 序[M].扬州：广陵书社，2006.

料和编纂刊刻《四明丛书》的心绪。

张寿镛对于自己的藏书原则,曾做如下解释。其一,"避宋",不盲目推崇宋版,即避免购买宋版。究其缘由,为使用有限资金购买更多的资料,避开高价的宋版书籍是最有效的方法。其二,收集过程中重视写本。在张寿镛长年收集的资料中,有两百部以上的写本,包括名家抄本、精密写本、稿本等。张寿镛将其作为自己藏书的特征并为之自豪。对于这部分藏书,他将最重要的部分收录出版,那些无法出版的部分,则以读书题识、题跋或目录的形式供那些希望得到该书物抄本或刊行本的世人参考,遂致力于读书题识、题跋或目录的编纂工作。在张寿镛晚年刊行的《约园杂著三篇》第一至第三卷中,他将这些资料分成批校本(钞本)、明钞(明代写本)、精钞本(更精致、正确的写本)、稿本及普通钞本五大类。收录读书时所做题跋,也是如今了解其古籍藏书的主要内容、各类书籍收藏的背景及具体经过的重要线索。

综上所述,张寿镛的古籍收集和藏书家们兴趣本位的收集不同,他是基于自己的读书需求和清晰的藏书理念,经过长年的努力才逐渐将藏书体系构筑并成规模。

图1.5 张氏故居"觉园"外观

1931年,张寿镛搬入上海爱文义路(现在的北京西路1400弄)新建的寓所"觉园"(见图1.5),将其中的11个房间设为藏书室,共收藏了十几万卷书籍。由于张寿镛在1945年抗战胜利前夕去世，其所有藏书均由其妻子在1953年无偿捐赠给国家。其中被视作珍贵文献的善本和精钞本，藏于北京图书馆（现在的中国国家图书馆），普通本（包括清初刻本）归中国社会科学院文学研究所。后者也包括张寿镛广泛收集四明地区的作者及相关学者的著作编纂而成的重要著作《四明经籍志》（见图1.6）的稿本，在2005年作为日本文部科学省特定领域"东亚海域交流与日本传统文化的形成：以宁波为中心的观察"的研究成果对外公刊。

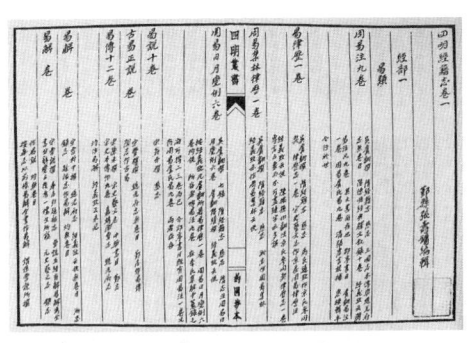

图1.6 张寿镛撰《四明经籍志》稿本

《四明丛书》原本计划编纂出版十集，但在1936年4月第四集完成之际，"然而已花费至二万金以外，再刻六集，非再有三万金不可。现在经济已形拮据，不知能毕我愿否？"[1]其后，张寿镛凭借自身努力与友人的帮助，使得《四明丛书》的编纂及刊刻事业即使在1937年7月卢沟桥事变发生，抗日战争全面爆发至1941年太平洋战争爆发，上海沦陷的艰难困境中依然在持续。1948年，第八集在张寿镛后人的努力下终于印行，尽管第九、第十集板片多已刻就，但最终并未完成。在频繁战乱导致书籍、历史记录急速消失的社会背景下，《四明丛书》保存了宁波地区相关的许多文献，是了解当地地理环境、社会风俗、政治经济、思想文化等相关历史的瑰宝，荣获学术界盛赞。《四明丛书》的版木现存浙江图书馆分馆的嘉业堂藏书楼（见图1.7）。

---

1 张寿镛. 约园著作选辑 第七篇[M]. 北京：中华书局，1995：390.

从1963年至1980年，江苏扬州广陵古籍刻印社借原版刷印，2006年缩拼木板印刷本影印出版。

图1.7 《四明丛书》版木收藏库

第三节 传承的记忆与宁波地方志

一、地方志与宁波

《四明丛书》是网罗宁波地区文献的系列丛书，其中就包含地方志。如前所述，原本宁波就是具有地方志相关特质的文化之都。天一阁藏书楼，因收集全国性地方志而闻名，其收藏的大半是编纂的地方志。据说天一阁在清朝时期收藏了471种明代地方志，但历经数百年后，多数地方志均已散佚，现存的只有271种。其中的216种，于1981年由上海古籍书店整理成《天一阁藏明代方志选刊》及1990年由上海书店出版社整理成《天一阁藏明代方志选刊续编》对外刊行。

所谓地方志，即记述地方地理情况的史志。虽说是地理情况，但其记述内容往往包括一地的历史、沿革、户口、物产、古迹、人物等许多方面。地方志按照府、州、县、镇等行政区划各自编写、刊行，取年号如咸淳《某某县志》、乾隆《某某县志》加以区别。因为地方志的主要执笔者是地方官员、当地文人等，可作为地方官员执政参考，或为记录自己政绩而特地编纂，因而自古以来都有地方志内容本质上缺乏多样性的说法。但是另一方面，如果好好体悟地方志的叙述内容，会发现里面包含很多反映地域性、历史性的记录，区别于上文提及的政治性目的。因此，地方志也因有着长期记录当地独特事项的作用而受到关注。

中国自古以来就有编修地方志的做法，至唐朝为止主要形式是以地图为中心的图经。自北宋末期开始，具有丰富记述内容、带有地方史特性的地方志编纂在州县等地逐渐盛行，这一倾向在明清时期愈发显著。因此，根据金恩辉、胡述兆主编的《中国地方志总目提要》（汉美图书有限公司，1996）凡例显示，现存中国历代地方志多达8577种，其中大部分都是明代以后的记录，但遗憾的是，现存宋元时期编纂的地方志仅有30种左右。

据《中国地方志总目提要》中浙江省地方志述评，现存宁波的地方志，据说有114种，该数字在浙江省各地区中也属多数。值得关注的是，在清乾隆帝主持下编纂的《四库全书》中，收录宋元时期地方志20种，其中宁波的地方志就占4种。由此可知，与其他地方相比，宋代以来宁波地方志编纂的盛行程度可见一斑。本节将研究视点置于现存（或能确认其存在）的若干宁波地方志，通过探讨其内容特征，分析地方志中的叙述，考察长期以来被传承的关于宁波人记忆的世界。

二、宁波地方志的记述内容

现存宁波最古老的地方志，是南宋时期编纂的乾道《四明图经》（1169年），从其序文中能看到北宋末期大观元年（1107年）编写的当地地方志（大观《明州图经》）的相关记录。

> 自大观元年，朝廷创置九域图志局，命所在州郡编纂图经，于是明委郡从事李茂诚等撰述。<u>故地里之远近，户口之主客，与夫物产之异宜，贡赋之所出，上而至于人物古迹释氏道流，下而至于山林江湖桥梁坊陌，微而至于羽毛鳞介花木果蓏药茗器用之类，靡不毕备</u>。书成未几而不幸厄于兵火，遂致存者亡全者毁，前日之所成者泯然而不见……公（张津，笔者注）乃分委僚属，因得旧录，更加采撷纂为七卷，又以篇什碑记等为五卷，附于其末。

大观《明州图经》在北宋灭亡的混乱时期已完全消失，其后乾道《四明图经》的编者张津从黄鼎处获得了部分大观《明州图经》，参照此内容再添加新纪事重新进行编纂。特别是从上文引用史料的画线处可以看出大观《明州图经》的主要记载内容。由此，本节拟比较包括如今已消失的大观《明州图经》在内的宋代宁波编纂的三种地方志门目（目录），考察当地地方志的记述内容。

"四明志门目比较表"（见表1.3）是将大观《明州图经》、乾道《四明图经》、宝庆《四明志》（1227年）的各门目（目录）进行比较。从这三志的门目中首先可以发现，越往后编写的地方志，内容越丰富，目录的种类越多样。一方面，在宝庆《四明志》中，最初涉及明州的历史、地理、风俗、历代的地方官、州城内的各种设施、山、川、物产、户口、各种税金、军事、人物、祠庙、道观、寺院、遗事等相关项目，其后记录明州所管的各县信息，门目相当细分化。另一方面，乾道《四明图经》的特点即本志的后半部为当地相关的诗文、碑文等文学作品，连镌刻历代地方太守、科举进士及第者人名等碑文（《太守题名记》《进士题名记》）的相关纪事也均有收录。

但是，比较三志的目录题材，会发现乾道《四明图经》的编者几乎没有受到大观《明州图经》门目的影响，而采用了独有的编辑方针。不仅州志的门目名称、排列不同，更将州志和各县志分开编纂，各县设独自门目，卷末附当地文学作品等，与前志有相当大的差别。反而是宝庆《四明志》的州志相关部分，例如先设立物产门目，再分羽族、水族等子目录，其门目、子目及其排列方式，有沿袭大观《明州图经》之意。但是，宝庆《四明志》中各县志与郡志的记述各自独立，又可能是受到了乾道《四明图经》编纂方式的影响。概而言之，尽管各地方志内容多少会有差异，但均是参照前志编纂而成，在体裁方面既有继承又有创新，从而有相较于前志所不同的特色。

表1.3 四明志门目比较表

地方志种类	门目内容
大观《明州图经》	地理，户口，物产（羽毛、鳞介、花木、果蔬、药茗、器用），江湖，桥梁，坊陌，贡赋，人物，古迹，释氏，道流，山林
乾道《四明图经》	总叙，分野，风俗，城池，子城，祠庙，水利，古迹，州城内，贤守事实，鄞县（乡里村附、御书、桥梁、渠堰、祠庙、祠堂附、山、水、江湖河潭附、人物名僧附、古迹、冢墓、县宰题名），奉化县（贤宰、人物），定海县（贤宰、人物、逸民、冢墓），慈溪县（祠庙、山），象山县（祠庙、山、水湖潭井、古迹），昌国县（盐场、祠庙、山、水湖潭井、古迹），

续　表

地方志种类	门目内容
乾道《四明图经》	古赋，古诗，律诗，绝句，长短句，记，碑文，铭，赞，传，书，太守题名记，进士题名记
宝庆《四明志》	叙郡（沿革表、沿革论、境土、分野、风俗、郡守、城郭、坊巷、仓库务场局院等、公宇、官僚、驿铺），叙水（渠堰·碶闸·桥梁、湖水族、津渡府·社稷、城隍、学校、乡饮酒礼及贡举附，叙产（布帛、草、夏税、秋税、酒、商税、市舶、牙契、杂赋、湖田、职田、常平仓、义仓、朝廷蠲名、监司蠲名、盐课），叙赋（制置司水军、禁军厢军、土军），叙人（先贤事迹、列女、孝行、仙释、科目人才、衣冠盛事），叙祠（神庙、宫观、寺院），叙遗（车驾巡幸、乡人义田、纪异、存古），郡县志，奉化县志，慈溪县志，定海县志，昌国县志，象山县志

（一）宁波地方志的历史

宁波地方志的编纂很早就开始盛行，自古以来就有许多与宁波地方志渊源相关的学说。例如，清末宁波籍学者董沛在其著作《校刻宋元四明志序》中，进行了如下考察：

> 地理之书昉于禹贡，土训诵训所掌其遗法也。秦变封建亦有图籍，酂侯入关，得以收之，然郡县专志两汉四百年未有闻焉。六朝以来，若顾启期之娄地记，山谦之之吴兴记，雷次宗之豫章记，郑缉之之东阳记，朱育、贺循之会稽记，殆郡县志之权舆乎。顾其书皆不传，其传者自北宋始。真宗景德中，诏诸路州府军监校勘图经，编入古迹，而上诸朝。天下守长咸事编纂。吾四明亦以其时始，有专书。舒信道西湖引水记常引之。厥后李从事再修于大观初，即为张州将乾道图经之祖本，罗参军之宝庆志犹其后也。近今所传以乾道为最古，而北宋二志不得与朱长文吴郡续记并留于天壤间，亦可惜巳。吴履斋出判庆元，其属僚纪其政绩，为开庆续志，传一人之事，而冒一郡之名，论者以为非体。元则清容之志最有盛名。至正中，王宵轩续之，门类皆仍旧例，其书出遂初之手。固延祐中同修者，此宋元四明志之大凡也。

董沛在此指出，尽管宁波地方志的萌芽阶段，始于六朝以来（3世纪）所编写的数本著作，但作为真正意义上的专志，则在北宋景德年间（1004年—1007年）登场。该见解与同为宁波籍学者的南宋王应麟的主张相符，因此将宁波志的渊源视作北宋景德年间是其中的代表性观点。

但是，此时图经编纂的诏书中已有如下内容，"诏诸路州府军监校勘图经，编入古迹，而上诸朝"，可以发现此诏的发布是以各地已存旧图经为前提。在苏州有宋初罗处约（960年—992年）制成的《吴郡图经》，意为在此诏基础上，依据罗处约的《吴郡图经》展开校订、补修作业，再经由朝廷编修。因此，在宁波也确实存在景德年间以前的专志。此外，在宋初雍熙年间末（984年—987年）至端拱年间（988年—989年）编纂的《太平寰宇记》卷九十八的明州词条中，就引用了三处以前编写的《郡国志》的相关记述。所谓《郡国志》，从其名称即可看出此书为州志层面，因此，在宋朝初期或者更早时期，明州就已存在编纂而成的地志，这点毋庸置疑。

此外，在宁波地区，虽然现在已没有留存的地方志，但从宋元时期县一级层面编纂的古方志以及各种目录类的资料中可以确认地方志若干卷的存在。其中就包括北宋朱翌编纂的《鄞川志》五卷、宋李璜编的《鄞县记》、宝庆年间以前的鄞县专志《鄞志》、元丁济编修的《奉化县志》十卷等。因此，可以说宁波的确是自古以来盛行地方志编纂的文化之乡。

（二）重修的宁波地方志

基于以上考察，我们对宁波府地方志编于何时、如何编纂等情况进行了说明（见表1.4）。由此表可见，各地方志虽是各时期由各位编者制成的个别著作，但均有重修（重新编修）的特点。也就是说，后世地方志的编者必定参照前志，对前志的叙述内容查漏补缺，进行批判性引用和继承，再削减或添加。

表1.4 宁波府地方志编纂状况

(《四明经籍志》卷二十、地理类·地理类附录等参照)	
郡国志	唐末—宋初？佚
明州图志	咸平年间（998年—1003年）佚
景德《明州图经》	景德四年（1007年）佚
大观《明州图经》	大观元年（1107年）佚
乾道《四明图经》十二卷	乾道五年（1169年）
宝庆《四明志》二十一卷	宝庆三年（1227年）
开庆《四明续志》十二卷	开庆元年（1259年）
延祐《四明志》二十卷	延祐七年（1320年）
至正《四明续志》十二卷	至正二年（1342年）
洪武《明州府志》	洪武元年（1368年）佚 （《永乐大典》中山川门的相关记述）
永乐《宁波府志》	永乐元年（1403年）佚 （《永乐大典》中山川门的相关记述）
成化《四明郡志》十卷	成化四年（1468年）
成化《宁波府简要志》五卷	成化年间
嘉靖《宁波府志》四十二卷	嘉靖三十八年（1559年）
康熙《宁波府志》三十卷	康熙十二年（1673年）
康熙《宁波府志》三十三卷	康熙二十二年（1683年）
雍正《宁波府志》三十六卷	雍正八年（1730年）
乾隆《四明志补》	乾隆年间（1736年—1795年）

这种倾向，并非宁波地方志独有，例如乾道《四明图经》的序文是延续以前所做大观《明州图经》的记录，再收集新史料，补订前志所缺的地理沿革、当地人物、古迹、故事、山川等信息，由此可见乾道《四明图经》编纂的最大目的。当然，原本大观《明州图经》及更早前的景德《明州图经》，均以校勘前志叙述为主，再添加古迹等相

关信息，主要编纂目的是使记叙内容更为详细化（见图1.8、图1.9）。

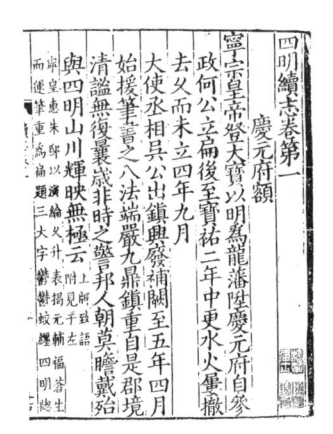

图1.8 宋版开庆《四明续志》，
南宋开庆元年刊本

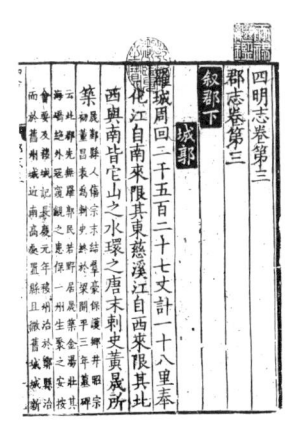

图1.9 宋版宝庆《四明志》，
南宋绍定年间明州刊本

就沿袭前志记叙这点而言，考察乾道《四明图经》以后现存的包括县志的地方志，会发现某些叙述只是改变表达方式，抑或是进行批判性引用和继承，这样的事例有很多。例如，宁波鄞县曾存在过名为"鄮郭"的古县城，别名又称"官奴城"，其存在及由来均出自历代地方志承袭前志叙述基础上的反复记录。首先，在乾道《四明图经》中记载：

> 鄮郭在县东三十里，盖古鄮县城也。汉为鄮县，后汉改曰鄮。唐武德四年于县置鄞州，八年州废，复为鄮县。故称其旧城曰鄮郭，即官奴城也。太平寰宇记与旧图经云，汉光武为贼所败，有奴耕于田而藏之获免。后定天下议赏，光武问奴欲何官，奴云欲得鄮县令，故俗号鄮县为官奴县。又十道四蕃志云，宋武微时，避吏于此，与人奴善，奴名桂。藏匿既久为吏所逼逐，适值桂在田，以土覆之得

免。后立官奴城以报之，掘土筑城之地名官奴池。太平寰宇记以为光武，于史无所据。今按宋书，孙恩破上虞时，刘裕尝戍句章。疑其为宋武也。

（乾道《四明图经》卷二《鄞县·古迹》）

上述引文即为批判性沿袭前图经的记录，再添加与名称由来相关作者的考察，凸显其支持刘宋武帝逸话的见解。此后宝庆《四明志》(卷十三《鄞县·存古》)就引用其记述，记载的内容几乎完全相同。但是，明代编纂的成化《宁波府简要志》只记录了后汉光武帝的言说，简要概述了官奴城名称的由来。

鄮城，在鄞县东三十里。汉鄮县治此，又名官奴城。旧志光武为贼败，因耕田奴获免。后议赏，问奴欲何官，云欲鄮县令，故名之。

该倾向在嘉靖《宁波府志》(卷十九《古迹》)的记述中被继续沿袭。但是，清代编纂的《康熙鄞县志》和雍正《宁波府志》（卷三十四《古迹》）两志中，再次提及官奴城的名称是源于刘宋武帝逸话的说法。以下为《康熙鄞县志》的记录：

官奴城，太平寰宇记云，汉光武为贼所败，有耕奴藏之获免。后议赏，欲得鄮县令，故俗号为官奴县。十道四蕃志言，宋武避吏于此，奴名桂者匿覆得免。后立官奴城以报，掘土之地名官奴池。考二说，光武未尝至鄮，惟孙恩作乱于会稽，遣将军刘牢之往讨以，刘裕参府军事戍守句章，裕与数十人战贼卒，遇贼众乃有藏匿之事，则当以宋武为定。

如前所述，着眼于批判性继承或削减前志的叙述，以及参考、引用、重修地方志的史料，就能探寻出怎样的语言会被持续记录下来。因此，选取相关资料，就能了解该地区被持续传承下来的记忆。那么，在宁波到底有怎样的记忆被传承下来了呢？

（三）被传承的宁波记忆

在现存宁波最古老的地方志乾道《四明图经》中，能找到多处可明显判断为源自大观《明州图经》的记录，记录了自古以来在宁波被持续传承下来的言说。这类记录也被宝庆《四明志》之后的历代地方志所延续。以下为在宁波地方志中被长期记录下来的与古迹相关的四项言说。

1."郧郭"及"官奴城"的由来

关于"郧郭"及"官奴城"的由来，前文已有详述，但历代地方志对官奴城的名称究竟是源自后汉光武帝的传说，抑或是源于刘宋刘裕（武帝），见解不一。但无论是哪种说法，均是皇帝被宁波当地官奴所救的故事。此外，也有学者认可两种说法并存的倾向。但无论哪种，均体现出当地以此传说为傲，才会将这类故事持续传承下去的特性。

2."伏飞庙"的祀神

位于明州城北盐仓西面的伏飞庙中祭祀有祀神，由于详细记录缘由的碑文已无所踪，因此在历代宁波地方志中记录着各种说法，包括此庙主祀《淮南子》中记载的荆国勇士伏非；此庙为唐代军号庙号由来，祭祀在当地建功立业的将帅；此庙主祀唐末刺史黄晟等。特别是在《淮南子》中登场的挥舞宝剑斩杀两条蛟龙、最终拯救落难船只的荆国伙非的传说，应该对当地人产生了巨大影响，南宋时祠庙里挂着"荆伙飞侯"这种与祀神相关的牌匾。此外，唐末刺史、鄞县人黄晟，由于在唐末兵荒马乱之际在明州屡次击退贼人，保护百姓安康，因此在逝后被祭祀为神。翻阅历代地方志，将伙飞庙的祀神视作唐末刺史黄晟的说法，在元末以后占据主流。而与黄晟相关的言说，在当地也被传承下去，记录在地方志中。

黄晟有一天走到明州城北桃花渡，正准备与众人一起雇船赶路，却见一位老妇正在姚江边上嚎啕痛哭，便上前询问缘由。那老妇便说："前些年不知从何处来了两条恶蛟，盘踞在此，兴风作浪，为害一方。乡邻们只好每三年献上一对童男童女供它们享用，才稍保平安。如今三年期限又至，前日里抽签竟然抽中我家孙女！一想到小孙女就要落入恶蛟之口，怎能不痛哭流泪呢！"黄晟叹息："今天下纷乱，竟又有恶蛟为祸乡里，害我百姓，吾必除之！"至约定之日，黄晟手持长剑，奋身跃入水潭中与蛟龙搏斗，至次日手提蛟龙头从江中冒出。自此，百姓把水潭称为蛟池。蛟池即位于现今宁波府城伙飞庙的东面。

如上所记，与伙飞庙祀神相关的诸种传说，在地方志作者们的心中并存，留下各种记录，令后世难以判断其真伪。但无论是《淮南子》中的荆国勇士伙非，抑或是唐末刺史黄晟，均是与蛟龙相关的传说。这恐怕是由于宁波存在多处以"蛟"命名的地方，蛟龙传说已经完全融入当地。例如，乾道《四明图经》中关于"蛟池"，有"蛟池在州之北,故老云尝有蛟自江来窟于此,人患之,故其旁立伙飞庙以镇之"之言,也有"东出定海,有蛟门、虎蹲天设之险,亦东南之要会也"之说。

3."祚圣庙"的祀神

祚圣庙,原名"东门庙",在象山县南一百里处。在《旧图经》(大观《明州图经》)中,载其祀神号天门都督,未详事迹。但在唐代,关于若干祀神以保舟行安全、避免海难事故等言说在宁波的地方志中被延续记录下来。

> 唐贞观中,有会稽人金林,数往台州买贩,每经过庙下祈祷,牲醴如法,获利数倍。尝因祭毕,解舟十余里,欻然暴风吹舟复回,不得前进。舟人怖甚,谓必有忤于神。果误持胙物而去。乃还致庙中,更加祈谢,即得便风安流而去。永徽中,又有越州工人蔡藏,往泉州造佛像,获数百缗归。经此庙,祈祷少懈,舟发数里,遂遭覆溺,所得咸失,而舟人仅免焉。

4."黄公祠"的祀神

据称,黄公祠位于昌国县(今舟山)东海中四百里处,后晋天福三年(938年)置其祠。其祀神未详,在晋代编纂的《会稽典录》中能看到称其祀神为当地先贤黄公的说法被记录在地方志中。《三国志》五十七卷,《吴书》中曾引"鄞大里黄公,絜己暴秦之世,高祖即阼,不能一致,惠帝恭让,出则济难"。这则美谈在宁波的地方志中被传承下来。

此外,在《西京杂记》中,东海人黄公的传说也在历代地方志中记录着与上述说法并存的情形:"东海人黄公,少时能幻,制蛇御虎,常佩赤刀，及衰老，饮酒过度，有白虎见于东海，黄公以赤刀往厌之，术不行，遂为虎食。"引文中黄公老后的情况暂且不表，少时也能"制蛇御虎"，全力守护航海渔民的安全。这也许就是饱受"蛇虎之患"的宁波沿海地区民众将其作为祀神的原因所在。

三、结语

在宁波，以历代编纂的地方志为媒体，当地创造的言说历经数百年或千年以上的时间被传承下来，渗透在当地人的记忆中。因此，这类记忆成为各时代人们讲述的话题、讨论的对象。其中包括东汉建武元年（25年）复兴汉王朝的光武帝、南朝宋永初元年（420年）开创刘宋王朝的刘裕等相关传说，蛟门及天门山等相关舟行安全或遭遇海难事故的传说，会引起水灾的蛟龙的相关传说等，均鲜明地反映出宁波的地域性特色。

宁波的地方志在将这片土地的记忆传承至下个时代方面发挥了巨大作用，而记录在地方志中的言说，又被当地人不断接受，从而影响着他们的心性、信仰与记忆。因此可以说，地方志一方面建构了宁波独特的地域性与历史性，另一方面又酿造了极具地域特色的地方文化。

第四节　书籍中记载的思想家——以王阳明为例

王阳明（1472年—1529年）是明代最杰出的思想家，毋庸置疑他对整个东亚世界具有巨大的影响力。相信本书读者中的许多人，应该曾以各种形式浏览过对其语录和信件进行整理编撰的《传习录》，也许还会有部分读者曾挑战过并未收录在《传习录》中的其他书信或文章。明德出版社将《传习录》及王阳明的其他书信、文章译成日语，出版了《王阳明全集》。但是，哪怕通篇阅遍《王阳明全集》，也不能说已经看遍其所有的言行录、书信与文章。其原因何在呢？

其实《王阳明全集》是以明代隆庆六年（1572年）出版的《王文成公全书》为底本制作而成。所谓底本，指翻译时所使用的原版材料。《王文成公全书》基本将《传习录》与王阳明文集《阳明先生文录》统合，由王阳明弟子中较为有名的钱德洪编辑而成。钱德洪的名字在《传习录》中也屡次出现，许多读者应该对他也比较熟知。如此有名的弟子编成的书，书名又称"全书"，会使人非常期待该书能成为王阳明完整性的全集，但其实并非如此。要探究其缘由，就有必要探讨《传习录》与《阳明先生文录》的成书经过。因此，笔者拟借助最新研究成果，尽可能简洁明了地对此进行考察。本节首先探讨《传习录》。

一、《传习录》的成书经过

王阳明是位非常喜欢对弟子进行讲学的学者，中国古代的学者大抵如此，南宋哲学家朱子（朱熹）的讲课笔记就曾被收录成共140卷的《朱子语类》。朱熹是位非常喜欢指导弟子做笔记的老师，因此其弟子们能够在课堂上毫无顾忌地记笔记。但是，王阳明却不喜欢自己的言语被记录下来，因而他的弟子们在记笔记这方面就会比较艰难。

现在大家所阅读的《传习录》，一般是其弟子徐爱所写的序文在前、后详细记录周边事项的版本。听说偷记笔记的学生常被王阳明训斥，徐爱自己所记录的东西也常被他人提醒斥责，过程颇为曲折。

王阳明之所以讨厌自己的言语被记录下来，是因为他担忧被记录的文字有独断的危险性。他认为自己的讲学效果因人而异，要因材施教，因此并不适合被当作普遍真理来认同。

尽管如此，由于王阳明的弟子们并不经常陪伴在其左右，因此需要记录老师讲学的内容。此外，在幅员辽阔的中国，不能直接面见王阳明的人也只能通过书籍的形式来了解其语录。为满足这些人的需求，前文提及的徐爱所做的笔记就构成了《传习录》的最初版本。

然而，徐爱不幸在正德十三年（1518年）31岁时过世。凑巧的是，他与孔子最爱的弟子颜回均在相同年龄逝去。徐爱也是王阳明最爱的弟子，人称"王门的颜回"。

徐爱手头的讲课笔记，在当时被汇总为两卷或三卷。读者也许会认为这个两卷或三卷的统计数字太过不确定，但之所以会这样表述，是基于以下理由：至今为止，通常世人都认为徐爱的笔记共有三卷，这是因为后续会详细考察的王阳明的弟子南大吉所编《传习录》、王阳明的"年谱"中均记载着徐爱的笔记共三卷的描述。其中，"年谱"的记录是较后期才编写而成的，与之相比，南大吉版《传习录》更为重要。

上海图书馆现藏有南大吉编的《传习录》。但这本书只有上卷，即残缺本，里面记录着徐爱最初的记录为两卷。此外，对比现存的其他南大吉编本，上海图书馆版本被认为最为古老。因此，徐爱的记录为两卷的可能性也较高，有必要对此再进行证据搜集和考证。对以往公认说法的某个方面进行重新考察探讨，是版本目录学（书志学）的乐趣所在。

说回徐爱的笔记。遗憾的是，在徐爱身故后其笔记的相当部分均已散失。薛侃将徐爱所留残稿，与陆澄（与薛侃同为阳明弟子）及自己的笔记相融合，在正德十三年八月刊行了《传习录》，《传习录》由此开始正式命名。"传习"出自《论语》中孔子弟子曾子每日"三省吾身"的其中一项"传不习乎"。因此，《传习录》这一名称也有将从阳明先生那里学来的东西传授给大家的含义。薛侃所编《传习录》，构成了现在《传习录》上卷的基础。

在薛侃所编《传习录》刊行六年后的嘉靖三年（1524年），南大吉增收王阳明论学书信若干篇，以原名出版。这本书基本是在先前薛侃编《传习录》的基础上，再添加王阳明的若干书信。现存所属南大吉所编《传习录》系统的诸多版本如下所示：

① 上海图书馆藏本

② 北京大学图书馆藏本

③ 台湾"中央研究院"历史语言研究所傅斯年图书馆藏本

④ 日本国立公文书馆（内阁文库）藏本

⑤ 日本京都大学附属图书馆藏本

⑥ 中国科学院图书馆藏本

⑦ 日本东京都立中央图书馆藏本

其中③台湾"中央研究院"藏本是嘉靖二十九年刊行的闾东所编《阳明先生文集》（该书后文将详细论述）的附录。⑤日本京都大学附属图书馆藏本是嘉靖三十年南大吉所编《传习录》的重刊本，距南大吉编《传习录》的最初刊行已过去将近30年。⑥中国科学院图书馆藏本是闾东编《阳明先生文集》的再编集，附载万历二十一年（1593年）刊徐秉正所编《阳明先生文录》，是更后期的版本。此外，①②③⑥的中国现存诸本中书信部分已不存在（②本还另附一书《传习续录》），实际翻看这五本书籍，会发现它们属于同一系统，①②基本是同一版本（只是②存在缺页，先前提及的徐爱记录为两卷的部分已缺失），③⑥也几乎是同一版式，只是版木或书存在些许差异。⑦为幕末学者佐藤一斋所见，并添加笔记，再加上嘉靖二十三年的重刊本，南大吉编的《传习录》系统书籍，至少有五种版本。添加书信的④⑤⑦，其所收录的书信种类并不相同，而钱德洪在现在的《传习录》中对南大吉编本《传习录》进行了介绍，提及的南编版《传习录》所收书信种类又与上述诸本均不一致，令研究者相当为难。迄今为止的研究者，均以钱德洪的记述为前提来考察南大吉原刊本的发展，但效果并不理想。因为钱德洪论述南大吉编本时，距离最初刊行已过47年，其记忆会有所偏差也是在所难免。不仅如此，当时并不像现在这样重视作者的著作权，盗版均处于放任状态，各自版本的实际出版者又会根据个人喜好对原刊本进行添加或删减后再进行刊行。因此，探讨原刊本中究竟包含怎样的书信内容已无甚意义，重要的是，当时所收书信构成了现在《传习录》的中卷基础。

以上考察了在王阳明生前其弟子编纂的《传习录》诸本，下文将探讨阳明先生逝后的情况。王阳明在嘉靖七年平定广西思恩、田州叛乱归途中，病逝于江西南安的舟中，逝前留下了"此心光明，亦复何言"的感叹。当时其最得力的弟子门生钱德洪与王龙溪，将夫子逝世的讣告通知同门的同时，为避免夫子的教导被埋没于世，二人与同门相约共筹书稿，约定每位门生将三年内记录整理的阳明讲学笔记交予钱德洪，再由其整理刊行夫子晚年的教导内容。诸门生按照约定，逐一将各自笔记交予钱德洪；因此在王阳明逝后的三四年，钱德洪已收集了其大部分的讲学记录。

然而，当时钱德洪并没有把所有讲学记录都刊行出版，而是根据自身判断，摘选他个人认为更符合阳明先生讲学、更有益的材料。因此，许多弟子辛苦记录的讲学笔记、阳明语录就这样逐步散佚。尽管此举令人十分惋惜，但也并不能贸然判定如此操作的功过。通读最终经由钱德洪整理的《传习录》，无论哪位读者都能在心中形成一个王阳明的具象，这是钱德洪的伟大功绩。同样通读以讲学笔记为基础的《朱子语类》，却很难有如此感受。因为在读《朱子语类》的过程中，会发现朱子曾这样说或那样说，很难汇聚朱子的人物具象。究其缘由，可能是因为《朱子语类》并不是像钱德洪整理的《传习录》那样来编辑，而是仅仅将所有的材料分门别类整理汇总而成。

钱德洪继续这样的编辑形式，将自己摘选的材料命名为《传习续录》，取其为已刊行的《传习录》续篇之意。尽管《传习续录》的原稿很早就已汇总成册，但由于钱德洪母亲过世等缘故，一直未能刊行，直至嘉靖三十三年，《传习续录》才最终得以刊行出版。

嘉靖三十四年（1555年），曾才汉（也是阳明弟子）收集了钱德洪手头的资料，再添加其自身所有同门师友的笔记，刊行了《阳明先生遗言录》（简称《遗言录》）。钱德洪也曾看过这本《遗言录》，但其认为这本书的选择基准并不十分严密。于是，钱德洪也将自己的资料再次整编，同年又刊行了《传习续录》（嘉靖三十五年，又刊行补遗版）。由此，嘉靖三十四年刻本的《传习续录》及次年刊行的补遗，构成了现在《传习录》的下卷基础。

围绕《传习续录》编纂的纷争最令人印象深刻的，莫过于钱德洪这些诸本出版间隔如此之短。在嘉靖三十三年至三十五年这三年间，每年均刊行著作，即使在当代，如此频率刊行著作的学者应该也为数不多。

钱德洪刊行这些著作的嘉靖年间（1522年—1566年），正是中国出版史上的转折点。20世纪90年代，曾有日本学者提出中国出版物的刊行量呈现爆发式增长阶段是在明朝中期，特别是嘉靖年间，这一说法现在好像已成为世界范围的定论，而钱德洪《传习续录》及其补遗的相继刊行，也可以说是能支撑该论点的论据之一。

综合上述,《传习录》下卷与《遗言录》可谓兄弟关系,但《遗言录》全部110条中的38条,在其他书中均未曾见过(也称"佚文")。该书的刊本,现收藏于台湾"中央研究院"历史语言研究所傅斯年图书馆,因为近年来很难看到原书,日本国内均采用抄本形式开展研究。日本国内图书馆收藏的抄本共两本,其一是东京都立中央图书馆河田文库所藏佐藤一斋所写的抄本,另一本则收藏于日本东北大学附属图书馆狩野文库。将两个抄本相比较会发现,两者内容基本相同,但后者有可能是由佐藤一斋的某位弟子所抄写,错字、漏字的情况时有发生。

台湾"中央研究院"历史语言研究所傅斯年图书馆所收藏的《遗言录》,其实是闻东编辑的《阳明先生文录》(闻东序文日期为嘉靖二十九年)卷末复刻的内容。闻东编《阳明先生文录》的附录内容相当"豪华",还包括南大吉编《传习录》《传习续录》《稽山承语》三篇。前两篇在上文中已有所涉及,第三篇《稽山承语》是阳明的又一弟子朱得之所记录的讲学笔记,其全部45条中的35条均是在其他资料中未曾见过的内容。因此,将《遗言录》与《稽山承语》合并看,其中的73条可以看作阳明言行录的佚文。由于佐藤一斋曾看过闻东编《阳明先生文录》,自然会关注《遗言录》与《稽山承语》,在上述东京都立中央图书馆与日本东北大学的《遗言录》中,无论哪本卷末均附了《稽山承语》。由此可知,佐藤一斋作为学者具有相当超群的敏锐性。佐藤在世时曾被评为"阴王阳朱"(即看起来像一位朱子学者,但内心却信仰阳明学),也曾因被认为对渡边华山[1]见死不救而饱受舆论苛责。但比起思想家,佐藤更属于学者类型,因而外界对其的

---

[1] 渡边华山(1793年—1841年),江户后期画家,师从佐藤一斋学习儒学。因蛮社之狱受连坐,后自尽。

诸多斥责也算略为严苛。

此外，曾才汉编纂了包含其他阳明言行录佚文的书籍，即《宋儒理学语要》卷二《阳明王先生语要》。《宋儒理学语要》中收录的阳明言行录好像非常特别，翻阅京都大学附属图书馆收藏的实物时，会发现"宋儒"的"宋"与"卷二"的"二"重新改写过。而《宋儒理学语要》的《阳明王先生语要》，收录于嘉靖二十三年刊行的薛侃编《阳明先生则言》。

《阳明先生则言》是本很有趣的图书，其大部分内容都是王阳明的书信、文章。上述提及的阳明言行录均没有收集在列，而是以被改写的口吻出现。由此可知，其弟子对老师真实声音的渴求程度有多迫切。

《遗言录》《稽山承语》《阳明王先生语要》中收录的王阳明言行录佚文，好像从未用通俗易懂的方式向读者介绍过，这点甚是可惜。以下让我们一起来浏览其中的部分内容。

在这些书籍中能看到王阳明与弟子们除讲学之外毫无修饰的真实姿态，这是其最大魅力所在。当然，由于钱德洪日常都能陪伴在老师左右，对其而言与老师的对话太过寻常，这些对话在言行录中理所当然会被删减，但这些资料在研究王阳明的日常方面非常有趣。首先是王门登山：

> 丙戌春莫，师同诸友登香炉峰，各尽足力所至，惟师与董萝石、王正之、王惟中数人至顶。时师命诸友歌诗，众皆喘息不定，萝石仅歌一句，惟中歌一章，师复自歌，婉如平时。萝石问故。师曰：我登山不论几许高，只登一步。诸君何如？惟中曰：弟子辈足到山

麓时，意已在山顶上了。师曰：病是如此。

（《稽山承语》三十四）

译文：

嘉靖五年（1526年）春末，阳明先生与弟子们同登香炉峰，众人均竭尽全力攀登，但只有阳明先生与董萝石、王正之、王惟中等数人登上山顶。当时阳明先生命弟子们吟诗，众人皆喘息不定。董萝石仅吟了一句，王惟中吟了一章，阳明先生则自己吟诗一首，其样与平时无异。董萝石问其缘故，阳明先生说："登山时，无论山有多高，只要爬上眼前的一步就行了。"王惟中回答说："弟子们均是才抵达山脚，就已经想到山顶了。"阳明先生说："这样想可不行啊。"

王阳明年轻时就患有结核病，但却非常喜欢爬山。通过上述故事，王阳明鲜活的形象跃然纸上。而且以上道理不仅仅适合登山，对人生也有启发。

其次是阳明先生教育年轻气盛的弟子们的场景：

尝有数友随先生游阳明洞，偶途中行歌。先生回至洞，坐定徐曰：我辈举止，少要有骇异人处。便是曲成万物之心矣。德洪深自省惕。又曰：当此暑烈，行走多汗，脱愤就凉。岂不快适。但此一念放去，便不是。

（《遗言录》卷下，四十三）

译文：

曾有几位弟子随阳明先生前往阳明洞（位于浙江省会稽山的洞窟，王阳明曾在此讲学），途中偶有人边走边唱。阳明先生抵达阳明洞后，便坐下来慢悠悠地说："吾辈举止行为，应少有骇人之举。这表明了顺应自然的智慧。"钱德洪听闻先生之语，便开始深刻反省。先生又说："当此暑烈之时，行走便会多汗，若摘掉头巾便能凉快，岂不快哉。然而，心中若能放下这一执念，则心静自然凉。"

可见，王阳明不经意的三言两语，却蕴含着深刻道理。有趣的是，钱德洪自己记录了这条内容，却在其编纂的《传习续录》中最终删除了该内容。由此可见，钱德洪好像不太喜欢上述日常性的轶事对话。

总而言之，由于钱德洪在收集阳明言行录、文章方面是实际负责人，其编纂的《传习续录》也被认定为权威资料。隆庆六年，被视为王阳明著作的集大成之作的《王文成公文集》成书，将南大吉编《传习录》言行录部分作为第一卷，书信部分作为第二卷（有若干出入），《传习续录》作为第三卷，总称《传习录》。自此以后，谈及《传习录》，指的都是全书的前三卷，作为单行本刊行时也一般以这本书为基础。如今在中国、日本、美国等地出版的注释本、译本通常也以此为依据。

但是，明清时期刊行的《传习录》，收录了许多在《王文成公全书》所收《传习录》（一般称之"全书本"）中未曾出现过的若干条阳明言行录。每本书收录的佚文分量并不大，但将它们统合起来，总数也有三十多条。江户时代日本进行这项作业的是上文曾屡次提及的佐藤一斋。他在三轮执斋校勘的《标注传习录》栏外附上注释编成《传习录栏外书》，比较诸本差异，在末尾记录了诸本中的佚文。

以下为佐藤一斋校对所使用的诸本，除上述南大吉编本以外的《传习录》的版本，按照年代顺序罗列，记录其所收藏之图书馆（〈 〉内为佐藤一斋《传习录栏外书》中所用诸本的通称）。当然，除此之外的图书馆收藏诸本的可能性依然存在。

①〈宋本〉宋仪望编《阳明先生文粹》（全十一卷）卷九—卷十一，嘉靖三十二年序刊，日本国立公文书馆（内阁文库）藏本。

②〈白鹿洞本〉白鹿洞刊《传习录》（全三卷，有缺页），崇祯三年（1630年）序刊，日本九州大学文学部藏本。

③〈陈本〉陈龙正编《阳明先生要书》（全八卷，附录五卷）卷一上到一下，崇祯五年（1632年），故宫博物院图书馆藏本。

④〈施本〉施邦曜编《阳明先生集要三篇》（年谱一卷，理学篇四卷，经济篇七卷，文章篇四卷）《阳明先生集要理学篇》卷一—卷二，崇祯八年（1635年）序刊，日本早稻田大学图书馆津田文库藏本。

⑤〈俞本〉俞嶙编《王阳明先生全集》（全二十二卷，年谱一卷）卷二十一到二十二，康熙十九年（1680年）序刊，日本国立公文书馆（内阁文库）藏本。

⑥〈王本〉王贻乐编《王阳明全集》（全十六卷）卷二，康熙二十四年（1685年）序刊，日本京都大学附属中央图书馆藏本。

⑦〈张本〉张问达编《王阳明先生文抄》（全二十卷）卷一—卷三，康熙二十八年（1689年）序刊，日本东北大学附属图书馆狩野文库藏本。

佐藤一斋虽然当时担任昌平黉儒官（相当于如今东京大学的教师），但他在当时极为有限的条件下能浏览诸多资料，寻找出如此多的佚文，这番心血着实令人佩服。

在上述诸本中，最后列举的〈张本〉包含了压倒性数量的28条佚文[1]。但是，〈张本〉又是极为特殊的版本，在使用时有必要多加注意。究其缘由，是因为相较于其他诸本，〈张本〉中的许多地方是将白话所写的内容替换为文言文版本。中国古代的读书人通常会将白话依次改为文言文版本，〈张本〉可以说正是其中的典型范例。但是，有些内容改得过于较真，反而显得有些滑稽。

上述诸本中所包含的佚文，一般没有日语注释，可能对于一般的读者而言会有些困难。以下仅举一例：

一日市中哄而诟。甲曰："尔无天理。"乙曰："尔无天理。"甲曰："尔欺心。"乙曰："尔欺心。"先生闻之，呼弟子曰："听之。夫夫哼哼，讲学也。"弟子曰："诟也，焉学？"曰："汝不闻乎？曰天理，曰心，非讲学而何？"曰："既学矣，焉诟？"曰："夫夫也，惟知责诸人，不知反诸己故也。"

（〈俞本〉卷二十二，一百四十五；〈施本〉卷二，七十七；〈王本〉卷二，三百三十三）

译文：

某日街上一片嘈杂，传来咒骂声。甲说："你没天理。"乙说："你没天理。"甲又说："你欺心。"乙回应："你欺心。"先生听了，对弟子说："听听，他们正在讲学呢。"弟子说："他们在吵架，怎能是讲学？"先生回答："你们没听见吗，他们说天理又说心，不是在讲学又是什么？"学生又问："既然是讲学，又怎么会吵架呢？"先生回答："因为他们只知道责备他人，而不懂得反省自己。"

---

[1] 28条佚文中，有9条与其他本重复，因此〈张本〉独有的佚文为19条。

在这个故事中,听闻街上他人吵架,王阳明与弟子们调侃这是在讲学,由此能推断出王阳明课堂讲学的模样。大概王阳明的课堂也是让弟子们讨论,自己偶尔调停,弟子们讨论时口沫横飞的样子与街上的吵架极为相似,才会有如此调侃。此外,想必有读者会比较吃惊在吵架中竟会出现"天理"等比较高深的词汇,但在中国封建社会日常生活中,"天理"是指"道理",不仅仅作为哲学术语在被使用。

以上笔者以《传习录》为中心探讨了阳明言行录的形成过程,下文则将研究视点转向《阳明先生文录》,考察阳明文集的成书经过。

二、《阳明先生文录》的成书经过

早在嘉靖六年(1527年),即王阳明去世前一年,王阳明文集《阳明先生文录》由邹守益(也是王阳明的门生)出版刊行。由于该书现已消失,无法了解其详情,但收录在其他文集中的内容也许可以作为考察该书的线索记录,这就是收藏于九州大学文学部的《阳明先生文录》全四卷。九州大学文学部以收藏许多明代善本而闻名,其中《阳明先生文录》和《传习录》中所涉及的〈白鹿洞本〉恐怕在世界范围内都只在这里收藏(所谓"孤本"),在研究阳明学方面有着极为珍贵且不可替代的价值。

该书既没有序文也没有跋文(即后记),完全不知其何时出版。而且在王阳明的众多弟子中,没有一人提及此书,颇具神秘感。实际上,这本书现在虽与嘉靖九年(1530年)附跋文的《阳明先生诗录》全四卷共同汇成一套,但就书的形式而言,编纂者一开始应该并未考虑将其编成一套。但该书与《阳明先生诗录》几乎处于相同时期,由此可知应该是非常早期的《阳明先生文录》,书中多处标有与"旧本"句子不同顺序的注记。该"旧本"与上述相同,大概有四卷本的量,故而只有最初出版的邹守益编《阳明先生文录》可能相符。因此，通过仔细追溯其与"旧本"的相关记载，也许就能解开最初版本之谜。

再将关注点转向九州大学所藏的《阳明先生文录》，首先引人注目的是卷末"门人岑荘·岑初·徐学校刻"（门人岑荘、岑初、徐学校订、刊行）的注记。由此笔者联想起王阳明的祖母岑氏。在中国古代，女性一生都不会改变姓氏，因此岑荘、岑初两人恐怕均属于王阳明祖母一族。也许这版《阳明先生文录》是岑氏一族私家出版的书籍，出版数量也比较少，因而阳明先生的弟子并不知道该书的存在。该书中收录了一首题为"赠岑东隐先生"的佚诗，诗中盛赞岑氏一族94岁的老人。

也许盛赞宗亲的王阳明形象与大家心中的意象不符，但在中国封建社会的大家族制度下，家族亲戚间的交往具有重要意义。与家族中的宗亲无法和谐相处的人甚至有被整个社会排挤的危险性。由此可知，在当时看似优雅的士大夫们的生活背后，一定隐藏着经济或精神上的来自大家族制度的巨大压力。

现存刊行年代最早的文录，是嘉靖十二年（1533年）刊行的黄绾（也是阳明弟子）编的《阳明先生文录》。遗憾的是，京都大学文学部所藏的五卷本是残缺本。如何得知该信息呢？是因为清末民初的著名书志学者叶德辉留下了关于这本书的记录，曾明确指出该书共有十四卷本。

京都大学图书馆所藏的《阳明先生文录》中，收录了现在《王文成公全书》中所看不到的佚文13篇。但是，这些佚文均收录在间东编《阳明先生文录》中，下文会详细论述。

在黄绾编《阳明先生文录》之后刊行的是收录嘉靖十四年（1535年）黄绾序文和嘉靖十五年邹守益序文的《阳明先生文录》。由于该书在苏州刊行，通常被称为"姑苏本"（也许会有许多读者联想到唐代诗人张继的《枫桥夜泊》中的名句"姑苏城外寒山寺，夜半钟声到客船"。"姑苏"就是苏州的古名）。以往对该书的研究，均依据《王文成公全书》记录，认为其刊行于嘉靖十四年，但现存所有的"姑苏本"均有嘉靖十五年的序文，因此该书的刊行年份应该是嘉靖十五年。这一信息只要实际看过这本书的人都能知道，但直到近年中国的研究者才将其指出。以往一直将《王文成公全书》的记录视作权威，谁都不曾对此产生过怀疑。由此可知，今后不能只依赖《王文成公全书》，研究者还是应该用自己的眼睛去仔细确认研究信息。

"姑苏本"共二十四卷，其中文录五卷，外集九卷，别录十卷。而文录、外集、别录的区分也一直延续到其后的《王文成公全书》，在这里稍做介绍。"姑苏本"与上文提及的岑氏编本、黄绾编本不同，是阳明门下弟子在召开编辑会议讨论后刊行，即所谓正式的刊物。但是，在这次会议上，黄绾与邹守益的意见却针锋相对。黄绾主张收集王阳明的所有文章，出版完整版的全集；邹守益则主张删除在学习阳明学问方面没有必要的文章。此所谓全集派与选集派的对立。这次负责调停的是钱德洪，作为妥协方案，他主张将王阳明在学问方面的文章作为"正录"，其他作为"外集"，公文等作为"别录"。钱德洪提出的这个区分标准一直持续到现在（"正录"即为"文录"）。由此可见，尽管从结果上看王阳明的所有文章均收录在内，但其实并非如此。因为钱德洪提出了要删除王阳明"少年未定之论"（即年轻时学说尚未形成定论的文章）的条件。按照字面解释，好像删除的是王阳明年轻时的文章，但从实际来看，钱德洪将其认为不合适的文章不分创作年份均做了删除。因此，"姑苏本"的刊行其实是选集派的胜利。

与之相对，全集派的逆袭是嘉靖二十九年刊行的闾东编《阳明先生文录》。该书在日本国内收藏于京都大学文学部和早稻田大学图书馆。但是，正如《传习录》所提及，附刻言行录的唯一版本收藏于台湾"中央研究院"历史语言研究所傅斯年图书馆。比较闾东编本与"姑苏本"，会发现许多明显被钱德洪删除的"少年未定之论"。首先，在闾东编本的"文录"部分，复原了黄绾编本的佚文，即"姑苏本"中被删除的13篇，其中包含许多涉及王阳明针对政治性问题的言论。明朝是士大夫受难的时代，一旦被皇帝或中央政府盯上，就有可能危及生命。因此，钱德洪应该也是唯恐阳明学派受到打压而删除了这类文章。

相较此类"文录"的删除，"别录"中"公移"的删除更能体现钱德洪的性格特征。所谓公移，即不同官署间交换的公文，王阳明的公移几乎都是在平定地方叛乱时所写。因此，在考察王阳明平定地方叛乱之际的行动方面，此类公移是不可或缺的宝贵史料。然而，钱德洪却将这类内容进行了大量删除。其后的《王文成公全书》或许是因为觉得之前所作太过极端，又将部分公移进行复原，但即便如此，在闾东编本的公移中，仍有150篇是《王文成公全书》中不曾见过的内容，由此可知钱德洪的删文范围何等惊人。此外，对于未删除的文章，钱德洪也毫不客气地删减了其中的内容。以"分派思田土目办纳兵粮"一文为例，文章将田州民众以"甲"作为行政单位进行分割，在闾东编本中详细列举了各甲需承担多少份额的年贡。但是，在钱德洪的编辑中，首先记录了凌时甲的分摊额，其后只列举了完冠砦陶甲的条目，就潦草地结束了这篇文章。至于其为何如此操作，确实令人费解。也许是钱德洪觉得这类文章篇幅过长，对于理解阳明学问并没有太大作用，并未仔细阅读就删除了后半部分，从而造成如此突兀的结尾。结合前文提及的《传习录》中钱德洪大量删除了王阳明的日常轶事可知，钱德洪可能过于严肃，有些许墨守成规。

然而，闾东编本的全集派反击最终成功了吗？令人遗憾的是，引用闾东编本系谱的版本，在中国清代已完全绝迹，直至明治十年（1877年）在东京由矶部太郎兵卫刊行（该书后文会涉及）才得以重见天日。与之相对，其后在中国刊行的"文录"几乎均是参照"姑苏本"系统。例如，现今收藏于日本国立公文书馆内阁文库、名古屋蓬左文库的嘉靖三十六年（1557年）刊行的胡宗宪编《阳明先生文录》，除去序文类内容，只不过是"姑苏本"的重刻本。

其后出版的《王文成公全书》，则为选集派的胜利奠定了决定性的基础。该书前文已多次提及，刊行于隆庆六年。虽说编者是谢廷杰，但从徐阶的序文可知，该书的出版是由当时作为地方官员的谢廷杰出资，其实际编者是钱德洪。钱德洪在两年后身故，因此该书可称作其毕生的杰作。

该书的内容，首先开头三卷是《传习录》，关于这部分前文已有详述。其次是"文录"五卷，"别录"十卷，"外集"七卷。其排列、区分虽有若干差异，但内容基本参照"姑苏本"。其后续编的六卷如前所述，是弥补"姑苏本"中遗漏的部分诗文。最后作为附录的是年谱三卷，年谱附录二卷，世德记、世德记附录各一卷。所谓年谱，即在中国古代名人身故后，按照年月记载其生平事迹的著作，相当于如今的传记。王阳明的年谱虽然是以钱德洪为中心展开编纂，但确实堪称优秀，即便当代的研究者在撰写王阳明传记时，依然会参考该年谱。年谱附录中记载了王阳明死后恢复爵位的经过以及关于年谱编纂的讨论。其中，关于其死后恢复爵位的记述，尽管由于本人已逝看似无关紧要，但在中国，人们却非常重视这点。所谓世德记，即收集阳明一族的传记、王阳明逝世时的追悼文（也称祭文）等内容，被当作附录，并汇集了王阳明与其家族相关的其他记录，作为全卷的结尾。

这本《王文成公全书》由上海商务印书馆影印，作为《四部丛刊》丛书之一，屡次再版，对于读者来说购买并非难事。此外，以铅字版刊行的《王阳明全集》，多数也是依据《王文成公全书》。这类书籍中较为特别的是前文提及明治十年在东京由矶部太郎兵卫刊行的《阳明先生全书》，是根据黄绾编本（抑或是所属其系统的版本）及闾东编本改编而成。在明治年代编者能着眼这类书籍，着实令人敬佩。较为遗憾的是，也许是由于编者不习惯初期的铅字版本，从而造成其中有非常多的错字。

自近代起，除这本《阳明先生全书》外，力图出版完整王阳明全集的，在很长一段时间内当属上海古籍出版社在1992年出版的《王阳明全集》。这套书的编辑得到了九州大学老师的大力协助，并将注意力也放在佚文收集方面。当然，这套书也不能称为极为完整的全集[1]，但对于奠定今后研究的基础仍然具有重大意义。此外，这套书在2010年由浙江古籍出版社刊行了增补改订版，增补了更多的诗文、言行录。今后，编纂更为完整的全集，不仅是留给我们研究者的重大课题，同时也是一项极大的乐趣。

在研究某人的思想理念时，收集这个人留下的所有言行录和文章是不可或缺的基础操作。如果连这一点都未能达到，只能说明我们的王阳明思想研究还有诸多不足之处。因此笔者认为，为了今后能在完整全集的基础上不断推进更高层次的研究，非常有必要继续努力收集佚文。

（永富青地）

---

1 如《遗言录》《稽山承语》及闾东编本中的"公移"等均未收录。

专　栏　养育"中国版卢梭"的土地

中国曾经有位思想家，在其去世200多年后，被誉为"中国版卢梭"。这位思想家名为黄宗羲，号南雷，其实比法国思想家让-雅克·卢梭（1712年—1778年）年长一百多岁，因此，卢梭更应该被称为"西欧的黄宗羲"。黄宗羲出生于宁波余姚，作为宁波地区的思想家，可以说是继同为余姚出身的王阳明之后最为著名的人物。然而，余姚是20世纪后才归入宁波市，在王阳明及黄宗羲生活的年代，余姚还是绍兴府的一部分。如果当时询问他们："您是宁波人吗？"他们应该会断然否认。

此事姑且不论，黄宗羲估计做梦也没想到过自己会被类比为卢梭这位在女性及金钱问题方面备受质疑的人物。黄宗羲在明末清初的动荡时代形成了自己独有的文章风格，他留下的著作数量众多，其中《明儒学案》与《明夷待访录》是大家一致认可的代表作。前者被誉为中国最初的真正学术史，受到高度赞扬；后者正是黄宗羲被誉为"中国版卢梭"的原因所在，据说清末改革派梁启超、谭嗣同等在提倡"民权共和"时，曾将《明夷待访录》的拔萃本印刷数万册并秘密分发。之所以选取《明夷待访录》，是因为在当时"其政治思想被解读为否定君权、主张民权，在这个意义上该书对于推动改革及革命具有积极作用"[1]。姑且不论该理解的妥当性，足可见当时该书是被界定为批判封建君主制、宣扬民主的著作的。

《明夷待访录》这本著作当初是怎样流传开的呢？据说"现今流通的《明夷待访录》中最早的刻本，是慈溪郑氏二老阁刻本"[2]。"慈溪

---

[1] 山井湧『黄宗羲』講談社、一九八三年.
[2] 吴光.黄宗羲著作汇考[M].台北：台湾学生书局.1990：7.

郑氏二老阁"（见图1.10）是考察黄宗羲学术遗产过程中非常重要的藏书楼。二老阁的创立者是郑性。郑性出生于慈溪县（今慈溪市）鹳浦，按照现在的说法属于宁波市半浦镇人，二老阁也在这里。郑性的父亲郑梁（字禹梅，

图1.10 二老阁遗迹

号香眉，后号寒村）是黄宗羲的得意门生。郑性遵从其父遗嘱，于自家东侧旁建造二老阁，以纪念郑梁之父郑溱（字子平，号兰皋，别号秦川）和先师黄宗羲二人（即"二老"）。二老阁始建于康熙六十年（1721年），雍正元年（1723年）竣工。据说阁中除收藏郑氏先代遗书两万余卷外，还有黄宗羲续钞堂的三万卷藏书。郑性竭尽全力，旨在努力彰显黄宗羲的学问，《明儒学案》也由此刊行。清代宁波思想家全祖望曾说："四方学者或访求南雷之学，不之黄氏而之鹳浦（鹳浦即指二老阁）。"但是，二老阁的藏书，其后或被盗，或被郑氏后人卖给书商，几乎散佚殆尽。1943年二老阁建筑物本身也被拆除，现在二老阁已消失无存。但是，二老阁藏书的功绩在中国学术史和藏书史上颇为巨大。以《明夷待访录》为例，"《明夷待访录》在乾隆年间至近代期间，历经数次重印、重刻，尽管其版本数量众多且文字各有差异，但所依据的底本均是二老阁（藏书）的初刻本"[1]。因此，谈及"中国的卢梭"的渊源就在这里，也不算言过其实。

---

1 吴光.黄宗羲著作汇考[M].台北：台湾学生书局有限公司.1990：9.

图1.11 五桂楼

在《明夷待访录》数量众多的版本中，有一本名为《五桂楼刊本》。五桂楼（见图1.11）是嘉庆十二年（1807年）余姚梁弄学者黄澄量（字式筌，号石泉）所创建的藏书楼。黄澄量由于父母早亡家事缠身，并未参加科举考试，但一生嗜求藏书。历十多年之功，藏书五万余卷（重复别本另有数万卷），并在其自家南面建藏书楼，取名"五桂楼"。五桂楼因其藏书的丰富性，被誉为"浙东第二藏书楼"，而"第一"毋庸置疑当然是天一阁。但是，五桂楼的运营方式却和天一阁大相径庭，其藏书允许子孙"登楼读楹书"，亦对外开放，准许文人学士登楼阅读。对待远来之友人，不仅允其阅览，且供膳食。五桂楼所在的梁弄镇地处深山，即便在现代也算偏远。然而这样偏僻之地的藏书楼也传播了"中国版卢梭"的思想。

正因为《明夷待访录》受到了清末改革派的推崇，由此可推断，这在清朝并不是一本可以公开传播的书，说得严重点传播此书还会有被处死的危险。它是在清王朝下度过一生的明朝遗老的政治论述，因此二老阁及五桂楼所进行的收集、整理、刊行书物的活动，意义也更加鲜明。正是因为有二老阁、五桂楼的创建者，才没有让黄宗羲止步于"余姚的黄宗羲"，而让其作为"中国版卢梭"在世界史的文脉中占据一席之地，对于这点，他们均是幕后功臣。

最后，笔者想再介绍一个宁波的藏书楼，就是近现代宁波的代表性藏书家冯贞群的"伏跗室"（见图1.12）。冯贞群，字孟颛、曼孺，号伏跗居士、成化子、妙有子，晚年自称孤独老人。1962年4月，遵从同年3月去世的冯贞群遗志，其家属将十万余卷古籍、四百多种碑帖、字画等，以及伏跗室建筑物本身无偿捐赠给国家。伏跗室现在作为冯贞群纪念馆对外开放，而其藏书此后被移交天一阁保管。这批移交的藏书中，就包含极为珍贵的黄宗羲的《留书》，发现于20世纪80年代编纂《黄宗羲全集》之时。尽管《留书》的部分内容继承自《明夷待访录》，但"该书蕴含了黄宗羲至今为止的文章中未呈现的生动民族情感"[1]。在传播"中国版卢梭"多面性的意义方面，伏跗室发挥的作用相当巨大。

图1.12　伏跗室外墙

1　小野和子『留書』の思想『明末清初期の研究』京都大学人文科学研究所、一九八九年.

第二章 文人的记忆与记录

第一节　跨越王朝——宋元交替期碑刻的书写者

一、九儒十丐

本节的话题让我们从"九儒十丐"开始。也许有读者会询问，这个词语到底是什么意思。笔者记得自己好像高中时期曾在世界史的教科书中看到过"九儒十丐"抑或是"九儒十乞"，过去的记忆已有些许模糊，也可能是在备考阶段曾背过这个词语，但现在世界史教科书中好像已经没有这个词语了。

德祐二年（1276年），南宋都城临安，即如今的杭州，被蒙古军攻陷，不久整个中国进入元朝的统治。在其统治下，中国的传统文化、价值观产生了巨大动摇，其中颇具代表性的就是这个词语。"九儒十丐"即"四等人制"，具体而言，即在元朝统治下的中国人按照出身民族分为"蒙古人、色目人、汉人、南人"四个等级，越往后身份越低，体现出元朝统治下汉民族的不幸境遇。

那么，"九儒十丐"在古代文献中的出处在哪里？作为史料，一是谢枋得（号叠山）的《送方伯载归三山序》中"我大元制典，人有十等，一官二吏，先之者，贵之也，谓有益于国也；七匠八娼，九儒十丐，后之者，贱之也"；二是郑思肖（号所南）的《心史》中"元制、一官、二吏、三僧、四道、五医、六工、七猎、八民、九儒、十丐"。无论哪篇文章，都将"儒"即读书人的社会等级，列为十等中的第九等,勉强排在"乞丐"之前,谢枋得甚至将"儒"排在"娼"之后。或许这是略微极端的说法,但如果考虑到元朝的价值观,好像也不无可能。

那么实情究竟如何?要辨析这点,便当考察留下这类记录的谢枋得及郑思肖其人其文。首先,谢枋得在南宋末年与著名忠臣文天祥一起起兵,率军抗击元兵。南宋灭亡后流落建宁,对于朝廷的多次征召均坚辞不仕,最终绝食殉节。而郑思肖,由其名"肖"(肖者赵也,宋朝国姓)。他不仅坚决不仕元朝朝廷,日常坐卧更要向南背北(元大都的方位),擅长作墨兰,但花叶萧疏而不画根土,寓意宋土已被掠夺。而《心史》这本书,于17世纪中期崇祯年间在苏州承天寺井中被发现,因该书藏于密封的铁函中,又名《铁函心史》。由此可见,谢枋得与郑思肖均为南宋遗民,两者的作品是饱含强烈民族意识的产物。因此,如果简单断定元朝的法制就一定存在"九儒十丐",就会相对片面。此外,"四等人制"的观点也并不流行。

其次,在谈及元朝是汉族文人的冬天这一观点时,必然会提到科举问题。宋王朝建立起的三百多年间,汉族文人最关心的是科举,这关乎能否拥有作为官员(即拥有官位的正规官僚)的社会地位。科举在元朝几乎没有举行,不仅如此,科举还被元朝统治者认为没有太大意义。的确,元朝的科举始于南宋灭亡约40年后的延祐二年(1315年),至元朝灭亡共举行了16次,但总共只产生了1139名进士。考试分为以蒙古人、色目人为对象的"右榜"和以汉人、南人为对象的"左榜",各分配50个名额,并且原则上汉人和南人的上榜人数要相同。但现实中,很多次元朝科举考试的实际上榜人数都不足百人。这对于人口占据压倒性多数、文化程度又相对较高的江南士大夫而言,确实不太公平。作为一项重要的文化政策,元朝的科举制度旨在推行汉文化。然而，这一制度也不可避免地引发了汉蒙文化的冲突与融合。在实施过程中，汉文化与蒙古文化相互交融，呈现出一些新的文化现象。

此外，读书人只要满足一定的资格条件，就能在户籍区分上被划分为"儒户"，从而在税役制度上享受优待。不仅如此，对于汉族传统的山川祭祀等，元朝政权也给予尊重。因此，学界普遍认为不能用"异族的统治等同于中华传统文化、汉族特别是文人的严冬时期"这样的简单归纳来理解这个时代。教科书中"九儒十丐"的消失，恐怕也是这种学界思想潮流的体现。

二、针对王应麟的评价

通过宁波（当时被称为庆元府）汉族文人的事迹，也能考察出他们与元朝江南统治又有哪些关联。本部分将首先考察在第一章中已经提及的王应麟。

王应麟，南宋嘉定十六年（1223年）生于宁波鄞县，元朝元贞二年（1296年）卒。淳祐元年（1241年）进士，官至礼部尚书，后恰逢蒙古军队南进，因冒犯当时的权臣贾似道而遭罢斥，此后辞官回乡。王应麟是南宋末至元朝初期江南地区的代表性学者，著有以大型类书《玉海》、考证性札记《困学纪闻》为代表的许多著作，已有许多学者对其进行过详细研究（如内藤湖南的《中国史学史》上海古籍出版社，2008）。

但是，笔者想考察的并非作为中国学术思想史巨人的王应麟，而是作为生活在南宋末期至元朝年间宁波地区文人的王应麟。元朝年间的宁波地区设有庆元路这一行政区划，下辖鄞县、奉化州、昌国州、定海县（今舟山市定海区）、象山县、慈溪县这二州四县。庆元路的官衙设置在鄞县,作为面积较大的行政区划,隶属江浙等处行中书省(简称江浙行省)。

王应麟之所以受到后人的高度评价,并不仅仅是因为其所撰写的许多优秀著作,也包括在南宋末期退出官界,又与新统治阶层元朝朝廷毫无瓜葛、专意著书这一点。换言之,其不仕两朝的姿态广受后世好评。

例如,在明末清初思想家黄宗羲所编的纪传体宋元思想史《宋元学案》中的王应麟传记中曾写道"入元、不出"(卷八十五《深宁学案》);在黄宗羲弟子康熙年间的史学家万斯同(1638年—1702年)所编的《宋季忠义录》(卷十)中,王应麟传记中有"宋亡,隐居山中二十余载,自号深宁老人,日事著述,其纪年但书甲子,以示不臣于元"的记载。后世对于王应麟的评价,一般都集中于其在南宋灭亡后,断绝了与外界特别是当时朝廷政权的交往,专注学问,一生著作甚丰这点。

三、作为书写者的王应麟

的确,在王应麟弟子袁桷(1266年—1337年)所写江浙等处行中书省左丞玉吕伯里伯行的神道碑铭(《清容居士集》卷二十六)中"庆元多故宋公相家,时翰林学士王公应麟闭门不纳客",记载了王应麟闭门谢客,断绝了包括南宋旧丞在内的所有人际往来。在清人编写的王应麟年谱里,至元十三年(1276年)临安沦陷后的十年间只记录了其《通鉴地理通释》《汉制考》等学术性著作。

但是,在上述袁桷的文章中又有后续"公首尊礼开说俾学者师事之",记载了王应麟在伯行的劝解下,又开始逐渐恢复与外界的联系。当时王应麟与担任庆元路治中的伯行有所交往,并受伯行的上司浙东海右道肃政廉访副使陈祥的委托，开始撰写有关庆元路及鄞县的碑记文章。换言之，通过石刻资料，也就是石碑上等遗留的文字，可以窥探出王应麟不同的面貌。遗憾的是，他的文集并没有以原有的形式留存下来，因此无法考察其写作时的全貌，但后人根据各种文献复原了他的文集。在《四明文献集》中，就包括王应麟为石刻所写的文章。

在本书第一章中已有所提及，中国的士大夫位居中国近代社会上层，他们中的不少人以强大的经济实力为基础，通过科举及第或其他途径获得官职。他们从小熟读以记载孔子教诲的经书、历代史书为代表的各类古典，具有能使用文言（书面语）撰写文章的能力。

这些人在当地，特别是乡里，作为公共活动的领导，在学校、水利、寺院、祠庙等公共设施的建设及维护管理，以及慈善行为和救济活动方面，担任中心角色。而且，士大夫在这些区域的活动也包括"写作"这一方面。具体而言，包括代表地方社会撰写向地方政府提交的文章，撰写公私"碑记"等。作为地方社会中的读书人，写作是一项不可或缺的能力。就王应麟而言，通过其撰写的碑记，我们是否也能探究其与所处周边世界的关联性呢？

"碑记"或"记"，是古代的一种文体，在政府、学校等公共设施遭遇战争或火灾等灾难，或由于经年劣化需要进行重修（修整或再建）时，一般都需要撰写记，并将其刻在石碑上。新建的设施更是如此。廊庑（回廊）或亭台楼阁等公共设施内的个别建筑物，如果需要新建或重修时，也会撰写相应的记。与公共设施或建筑物相关的记，当然超越了作为执笔者的读书人个人行为的范畴，更具有公共性质。因此，对地方公共记文的执笔者及其内容的探讨，有助于考察当地政府与读书人的关系及文人的社会状况。

四、元朝前期庆元的公共碑文

那么，庆元的情况又是如何？表2.1是进入元朝统治下的至元十三年至大德十年（1306年）约三十年间，庆元一带的公共建筑物碑记列表。之所以将时间限定在这段，是因为撰写《鄞县县治兴造记》的袁桷出生于咸淳二年（1266年），在南宋都城临安沦陷时才满十岁，可以说袁桷是在元朝统治下成长起来的一代。此外，袁桷是王应麟弟子，也是其接班人，就这点而言，也有新老交替的意味。这类碑记尽管是为刻在石头上而写，但刻着文章的石头本身仅有极少数留存下来，因此现在能看到的几乎所有的碑记，均收录于清代以来的石刻学书籍及执笔者的文集、地方志等相关文献。表中会尽量选取出处时代相近的文献。

表2.1 庆元公共建筑物碑记列表

碑记	出处	备注
奉化社稷坛记（至元二十七年）	王应麟《四明文献集》卷一	祭祀相关
济南陈公修东津桥记（至元二十八年）	王应麟《深宁先生文抄摭余编》卷一、《敬止录》卷十、《成化宁波郡志》卷四	公共工程
庆元路重建儒学记（至元二十九年）	王应麟《两浙金石志》卷十四、《延祐四明志》卷十三	学校
奉化重修县治记（至元二十九年）	王应麟《延祐四明志》卷十四	学校
奉化县学记（至元二十九年）	陈著《本堂集》卷四十九	学校
奉化县学参前亭记（至元二十九年）	陈著《本堂集》卷四十九	学校
奉化县学彝训堂记（至元二十九年）	陈著《本堂集》卷四十九	学校
奉化县学仁寿殿记（至元二十九年）	戴表元《剡源集》卷一	学校

续 表

碑记	出处	备注
重修（鄞县）学记（至元三十年）	王应麟《延祐四明志》卷十三	学校
义田庄先贤祠记（至元三十年）	王应麟《延祐四明志》卷十四	
九先生祠堂记（元贞二年）	王应麟《延祐四明志》卷十三	学校
奉化升州记（元贞三年）	陈著《延祐四明志》卷八、《本堂集》卷五十一	官衙
新修奉化学记（大德三年）	任士林《松乡集》卷一	学校
奉化州学兴筑记（大德五年）	戴表元《剡源集》卷一	学校
鄞县县治兴造记（大德十年）	袁桷《清容居士集》卷十八	官衙

由上表可以找到王应麟、陈著、戴表元及任士林的名字，其中又以王应麟的名字居多。王、陈是鄞县人，戴、任是奉化人，他们在宋代已颇有名气，其中戴表元在大德八年（1304年）被任命为信州路学教授，任士林担任上虞县（今绍兴市上虞区）教授等官职。与此相对，王、陈二人将自己"殉"于宋朝，在宋朝灭亡后就与世间断绝往来，以不与元朝保持任何关系的人物形象深入人心，后文也会有所涉及。

顺带而言，戴、任担任教授的路、县的"学校"，与现在的"学校"性质略有差异。自唐朝以来，按照行政区划与孔子庙合设的"学校"，作为教育研学场所的功能已形同虚设，而是成为颇具礼仪色彩的场所。而在元朝，路、州、县的"庙学"（元朝的称呼），在具有儒教祭祀作用的同时还肩负着公共职责，即统治管辖作为"儒户"在户籍上被区别对待的汉族文人。"医学"也是如此，它是设置在各个行政单位培养医官的机构，属于官僚组织的一部分。

那么，从上表来分析王应麟所写的文章，可知在元朝统治下其最早写的是至元二十七年（1290年）的《奉化社稷坛记》，这是一篇为大地与作物的公共祭祀所写的文章。此后，也可知王应麟撰写了许多与县衙的县治，路、县的学校和公共设施相关的记文。县治是元朝政权统治地方的中心，学校的公共属性上文已提，桥梁当然也是公共设施。特别是《济南陈公修东津桥记》，记载了得知鄞县城东门外的浮桥东津桥被毁、有人员伤亡危险性的陈祥，决定再建桥梁的轶事。

为这类公共设施撰写碑记，就不可能与作为建筑主体的地方官府毫无关联。因此，虽说王应麟没有进入仕途，但也不能断言其与元朝政权毫无关联，至少应该认为其与元朝地方官府还是有所关联。"不向元朝称臣，闭门专心治学的文人"形象，也应当有所调整。

考察委托王应麟执笔的经过，这些论断会更为明了。

关于执笔的约稿者，在庆元路相关的记文中均可找到。《医学记》的约稿者是肃政廉访副使陈祥，《路学记》是路学教授苏炎，《鄞县学记》是县学教谕吴应酉。此外，《县治记》中还引用了委托执笔的县尹（知事）丁济的书信。由此可知，大部分的记均是受与建造相关的地方官委托撰写而成。而与奉化相关的《奉化社稷坛记》中就有"于是耋老畯民属应麟为记以识"，这点后文还会论及。陈祥是济南人，于至元二十八年（1291年）到任浙东海右道肃政廉访副使分治庆元一事，除在这篇记文中有所记载外，只在刚才引用的玉吕伯里伯行的神道碑铭上可见，大意是说奉化县尹丁济，于至元二十八年赴任，好像是当地非常有名的地方官。

受肃政廉访副使或县尹等元朝地方官的委托，撰写关于公共建筑的记文，这点就足以作为否定王应麟与元朝当地官员毫无关联这一观点的论据，但让我们从其他角度再来考证这一论据。王应麟留下的记文中，如今能确认的只有唯一一个原始石刻《庆元路重建儒学记》，收录于集成浙江省金石文（留在金属及石头上的文字）的《两浙金石录》（阮元编）卷十四中。根据记载，上有"中议大夫浙东道宣慰副使李恩衍书""正议大夫浙东海右道肃政廉访副使王宏篆盖"等。在石头上书写文字和篆额的人，一般都是管辖该地区的元朝地方官员。而作为碑记的执笔者，无论如何都不能说与元朝完全断绝关联。可惜的是，没有其他碑记的数据可供考察。此外，此碑文末的日期是"是岁冬十月己亥记"，虽没有使用年号，但在碑文中出现了至元年号，因此前文引用的《宋季忠义录》中"其纪年但书甲子，以示不臣于元"的记载，也与事实相悖。

五、陈氏兄弟

那么，陈著的情况又是如何？陈著也是庆元府鄞县人，南宋宝祐四年（1256年）进士，官至知嘉兴府，因忤贾似道而遭贬斥。一般认为陈著是宋人，但他死于大德元年（1297年），比王应麟晚。关于陈著，有相关记载"宋亡，隐居句章山中，不与世接，叹曰，吾无复有可为者矣，教子犹吾职也"（陈旅《安雅堂集》卷六《历代纪统序》），描述其在宋朝灭亡后，不与外界接触。由此推测陈著是宋朝人。但是，从上文的列表可知，陈著首先在至元二十九年（1292年）奉化县学重修时撰写了记文，委托其执笔的是与委托王应麟撰写《奉化社稷坛记》相同的县尹丁济。不仅如此，元贞元年（1295年）奉化县升格为州时，达尔赤（朝廷派遣的检察官）及知州以下的官员们还委托陈著撰写《奉化升州记》。这篇文章分别收录在元朝中期所编的庆元地志《延祐四明志》和其文集《本堂集》中，但部分内容略有差异。根据其文集记载，此文是在次年元贞二年正月，陈著与"学宫（此时为州学）诸生"共同前往州府祝贺时受托所写。一般认为，地志是根据石刻文章刊载而成，而文集中收录的文章一般在收录前均经过撰写者的反复推敲，可以说作者考虑到自身与地方官府的关系而在其后修改的可能性比较高。

由此可见，陈著也并非始终处于前文所引与世间断绝联系的状态，显示其与元朝地方官府有关联的表述，比王应麟更为具体。此外，陈著还撰写了一篇《德政记》，赞扬了达尔赤及其他地方官员的功绩。此外，文中也有与纪年相关的表述，《延祐四明志》所收记文的文末以"大德元年六月日前太学博士陈著记"结尾，文中也使用了至元、元贞等年号。

而陈著的弟弟陈观，生于南宋嘉熙二年（1238年），宋末咸淳年间进士，不仕元朝，其墓志铭上写有"晚年足不入府城"。陈观在皇庆二年（1313年）奉化州治（州府）重建时执笔的《奉化州重建公宇记》收录于《延祐四明志》的卷八。文中写道"邦人欲颂公之德，纪公之绩，舍儒者其谁与，余不获辞"，这里的"公"指当时奉化的八剌哈赤，当地民众称赞其指挥重建州府建筑，因而委托陈观撰写了这篇文章。虽然整篇文章没有转载日期部分，但文中也使用了皇庆这一年号。

六、"入仕"与"不仕"

从碑记的撰写过程可以看出，即便是在南宋灭亡后没有担任元朝官职而隐遁的文人，也并非与新统治者元朝断绝关联，把自己完全封闭在私人空间内闭门不出，而是依然与元朝地方政权存在些许的交涉。

考察王权交替之际对待新政权的态度及处事，并非在伦理上探讨王应麟及其他人与元朝发生的关联，而是因为当时一方面他们在地方上已是颇有名望之人，因此不可能在现实中与元朝的统治阶层毫无关联。另一方面，从朝廷对江南的统治层面考虑，拉拢当地的知识领袖，在政策上也是相当必要的。

王应麟开始撰写碑记的时间大概在至元二十七年至其去世的元贞二年这七年间，就目前所知，尽管其为公共设施撰写记文的年数很短，但篇幅不少，其中为庆元府的公共建筑撰写的记，与奉化相关的除陈著和戴表元所撰之外，王应麟撰写的尤其多，特别是关于庆元路和鄞县的记文，均只保留了他的碑记。这与王应麟在当时作为庆元府的知识领袖不无关联。《奉化社稷坛记》中记载了"耆老畯民"即当地的权威人士委托王应麟作撰，由此可见，当时委托其撰写记文应该是当地官民的共识。在政治与学问密不可分的古代中国，文人所拥有的智慧力量，既属于个人，也属于"公"家。

　　日本京都大学人文科学研究所的汉籍分类目录，作为日本现代汉籍目录学的标准，对于收录在集部别集类的个人文集的作者所属年代的确定，一般基于其最后所入仕的朝代。曾有学者指出，这样的年代界定反映出后世对于入仕两个王朝官员的伦理评价[1]。

　　由此可见，后世关于宋元交替期江南士大夫对新政权处事方式的评价，与当时的实际情况存在差异。这个时期的江南文人，无论个人是否接受元朝官职，他们和朝廷相互间依然存在交流。的确，在私人世界中个体间的交流更为广泛（例如书信、诗文的往来），这点可以在上文所列举的个人文集中找到印证，但在本节中，笔者想将研究重点置于"公"的文章领域。

　　从碑记的执笔过程可以看出，即便是不仕元朝的文人，其同元朝及地方官府的联系依然存在。就与元朝的关系而言，"入仕"（标志其接受元朝统治）成为不殉旧朝转而成为新朝官员的负面评价，该评价随着时代更替上升至道德高度。据说，自乾隆帝时期起，开始强化

---

[1] 村上哲見「弐臣と遺民——宋末元初江南文人の亡国体験」、『東北大学文学部研究年報』四三号、一九九三年.

"贰臣"（入仕两朝的臣子）这种观点。

而上文所引对南宋灭亡后王应麟行为的评论，均出自清朝。

（森田 宪司）

第二节　与丰氏一族重合的记忆

一、前言

明世宗嘉靖二十年五月二十一日，大内义隆（1507年—1551年，日本战国时期的大名）派出的三艘遣明船，在中国历经三年的逗留后，趁着涨潮离开宁波，踏上回国之路。其中一号船上，有作为副使主要负责往返北京的日本京都天龙寺妙智院僧侣策彦周良（1501年—1579年）。他购买了很多书籍和土产等带回日本，其中有两幅自己的顶相（肖像画），至今仍收藏在妙智院。这两幅画均在宁波定制，一幅为着正装的典型顶相，另一幅则为罕见顶相，画赞上写有"儒巾释裳"（儒生的头巾配僧侣的衣裳），显示的是身着僧服，上披袈裟，头戴据传为苏轼（1037年—1101年）爱用的东坡巾，单手拿书，坐在榻上的文人模样（见图2.1）。如此

图2.1　策彦周良像、柯雨窗赞（日本妙智院藏）

装扮凝聚了当时以五山僧[1]为首的室町时期日本文人对中国文人形象的向往[2]。

为这幅文人僧侣的画像写赞的是柯雨窗，是曾与策彦来往的宁波籍文人，丰坊（1492年—约1563年）的弟子。有宁波第一文人之称的丰坊，是本节的主人公。那时他还不到50岁，应该正处于年富力强之期。策彦周良在这次远航之前，在京都的妙智院与江心文友等三四名友人举行了连句诗会，带来了诗会的五言九千句作品《城西连句》。他希望这部作品能由明朝著名文人作序。策彦向丰坊提出作序的请求，在柯雨窗的引荐下，最终达成目的。嘉靖十八年（1539年）十月，丰坊撰文的《城西连句序》由策彦带回日本并作为重要的文化财产流传至今。虽然这次策彦未能拜访丰坊，但最终在下次远航时得以实现。

二、丰坊略传

关于丰坊的完整传记非常少，一般读者见得最多，也最具参考价值的记录是《明史》卷一百九十一其父丰熙的列传中所附的仅有182字的丰坊传。其中记载的事项如下：①官僚经历：在乡试中，以第一名的成绩考中举人，嘉靖二年进士及第，担任南京吏部考功司主事。因获罪被流放至通州（今江苏省南通市），其后被赦归家。②人物评价：博学工文，尤精书法，然性格狂诞，滑稽玩世。③其父丰熙逝后，家势日衰，因此想效仿张璁、夏言，谋求高位。嘉靖十七年，丰坊赴京，向世宗朱厚熜递交奏折，提出修建明堂，用以放置嘉靖帝父

---

1 禅宗里将寺格最高的五座寺院称作五山，所属五山的僧侣称作五山僧。京都五山为天龙寺、相国寺、建仁寺、东福寺、万寿寺。
2 西上實「柯雨窗容贊策彦周亮像」、『國華』一二五五、二〇〇〇年．

亲献帝的牌位,和其他的皇帝一起接受贡祀。最终皇帝虽然采纳了丰坊的提议,将父亲谥号改为睿宗,但他的上书也引来众人的厌恶,批评他没有像其父亲那般具有大无畏的立场。第二年,丰坊又写了一篇《卿云雅诗》上呈世宗,但许久也没有等来皇帝加官晋升的旨意,最终丰坊心灰意冷,在家郁郁而终。晚年丰坊更名道生,意喻其后半生的凄惨。这只是归纳总结了《明史》的记载,具体情况到底如何,后文会再做说明。④对其著作的评价:《十三经训诂》有许多颇有漏洞的解释,也有人说世人所传《子贡诗传》(与现行的毛诗属于不同系统的诗经)是丰坊的伪作等。

策彦珍藏的《城西连句序》作者、宁波第一文人丰坊,据上文记载就是这样的形象。由列传推测,策彦委托其写序的时期,正是丰坊进行重返官场的活动、等待答复之时。《明史》是清朝康熙年间开始编纂、在乾隆四年(1739年)刊行的史书,所以策彦无从知晓其评价。但是,策彦周良和丰坊的交流,并不仅仅是一位遣明使与宁波文人的接触,从日本吸收中国文化特质方面而言,两者的交流更暗示了中日交流的整体内容。下文让我们来了解一下关于丰坊的人物评价。

三、对丰坊的评价(一)

在《明史》编纂的这段时期,也是宁波文人官员全祖望致力于表彰故乡、在其不长的人生中留下大量文章的时期。毫不夸张地说,这些文字奠定了我们对于宁波的历史印象。全祖望写了很多关于丰氏一族的题记,首先值得关注的是《天一阁藏书记》(《鲒埼亭集·外篇》十七,以下简称《藏书记》)。

正如第一章所述,天一阁是中国现存最古老的个人图书馆,也是宁波具有代表性的历史文化遗产。其创建者范钦,是嘉靖十一年的进士，与丰坊颇有来往。但是，这篇《藏书记》的特色是内容的大半并非范氏而是关于丰氏的记述。全祖望在文章的开篇，提到了黄宗羲撰写的《天一阁藏书记》(《黄宗羲全集》第十册，浙江古籍出版社，2012)，并表示自己没有任何可以补充的内容，言及书目本身也完全遵照黄宗羲。全祖望希望通过讲述藏书的由来，挖掘天一阁的优秀特质，从而彰显宁波的传统文化。

正如"但是阁肇始于明嘉靖间，而阁中之书不自嘉靖始，固城西丰氏万卷楼旧物也"所记载，将由来追溯至北宋的丰稷藏书，自此以后，丰氏一统连续不断地积累了三百年的藏书，这是天一阁引以为傲的而其他藏书楼所不具备的特色。因此，有必要首先考察丰氏至天一阁的历史。

全祖望所记载的丰氏系谱如下所示，括号内为头衔：丰稷—安常—治（监仓扬州）—谊（吏部官）—有俊（吏部官）—云昭（广西经略）—稱—昌传，这是系谱的前半部。丰治在北宋灭亡时以身殉国，丰谊名望颇高，丰有俊与陆象山、杨慈湖在学问方面均有交流，其子孙学行皆为世之楷模。在此期间，丰谊或丰有俊移居定海县。"其后至庚六迁居奉化。庚子茂四迁居定海。茂孙寅初，明建文中官教谕"，该描述记载了自庚六迁居奉化县（今宁波市奉化区）至丰坊的系谱，即庚六—茂四—○—寅初—庆（河南布政）—耘（教授）—熙（学士）—坊。虽然没有具体论述系谱前半部最后的昌传与后半部最初的庚六的关系，但据说寅初生活在从洪武年间到建文朝直至正统年间，死时105岁，由此推测其大约出生于元代，因此庚六、茂四应该也生活在元朝，而且从两人的名字来看，明显并不是文人。寅初之子丰庆，将亡父的安葬之地选在鄞州，回到丰稷的故地，这个问题在后文会详细考察。

让我们继续将视线转回全祖望的记载。丰氏万卷楼的书物,自丰稷生活的北宋元祐起,"由甬上而绍兴,而奉化,而定海者,复归甬上",辗转至丰庆。绍兴是在前面的系谱中未曾见过的地名。全祖望在《跋丰吏部宅之传》(《鲒埼亭集·外篇》三十四)中记载"四明诸志俱不为丰吏部立传,祇上虞志有之",南宋中期的丰有俊,可能曾在绍兴府上虞县逗留过一段时间。丰庆,正统四年(1439年)进士,河南布政使;其子丰耘,湖口县学训导;丰耘之子丰熙,弘治十二年榜眼(殿试第二),在嘉靖大礼议中因触犯世宗逆鳞,遭杖责,被流放至福建镇海卫,最终死在戍所。丰熙之子丰坊,正德十四年(1519年)浙江解元(乡试第一),嘉靖二年进士。

而嘉靖大礼议,与上文提及的《明史》丰坊传的记载③有关,是中国礼学史上的一大论争。大礼议是继承明孝宗弘治帝帝位的武宗暴亡所引发,由于武宗无嗣,遂由孝宗的异母兄弟、兴献王之子世宗嘉靖帝继位,由此产生了对世宗生父生母礼仪上应享有的待遇、彼此间的称呼以及与武宗、孝宗的称呼等一系列问题。对从旁系继承帝位的世宗而言,情况变得极为复杂的原因是其与先帝武宗是堂兄弟,并非顺位继承者。以内阁首辅杨廷和为首的众多朝中大臣援引当初同样没有嫡子的宋仁宗将子侄辈的英宗立为皇太子,围绕如何称呼英宗的生父濮安懿王而引发的"濮议"之争,提出在皇统入嗣方面,应该尊奉正统,要以明孝宗为皇考,武宗为兄,将其生父改称"皇叔考兴献大王",其母为"皇叔母兴国大妃",祭祀时对其亲生父母自称"侄皇帝"。但是,明世宗并不接受这一方案,顺应帝心的张璁提出在不改换其父母的基础上继承皇位的方案,由此,在皇统问题上达到矛盾顶峰的嘉靖大礼议爆发。张璁提出"继统不继嗣",即皇统不一定非得父子相继,将君位关系(继统)与父子关系(继嗣)分开讨论。最终结果为继嗣独立于继统，兴献王尊号兴献帝，世宗称其为本生父，称孝宗为皇考。嘉靖三年七月，包括丰坊之父丰熙在内的两百余位朝廷大臣在左顺门跪请世宗改变旨意[1]。震怒的世宗下令将五品以下官员当廷杖责，致18人死亡。其后，世宗将兴献帝称号中的"本生"去掉，尊号"皇考恭穆献皇帝"，改称孝宗"皇伯考"。丰坊跟从其父立场，提倡"继统即继嗣"，反对将王号改为帝号以及使用皇考之称，被贬至通州。但是，其父丰熙在被流放13年后死于戍所，丰坊即刻转向，同意张璁的"继统不继嗣"，甚至提出了连张璁都没有提及过的在祭祀祖先的明堂放置世宗生父献帝的牌位、和历代其他皇帝一起接受贡祀的方案，上呈至世宗。世宗见此方案非常高兴，丰坊的方案从礼学上等同于暗含孝宗篡夺帝位之意。

再回到《藏书记》所述：自丰稷起，丰氏历代均出了不少名人，他们尽心收集图书，使得藏书数量持续增加，规模之大无人能及。但是，丰坊晚年饱受心疾，潦倒于书淫墨癖之中，因此最终家财丧失殆尽。不仅如此，丰氏历代所藏宋版和写本，遭门生后辈窃去十之有六。万卷楼又不幸遭遇大火，藏书所存无几，所幸剩余书籍最终归入天一阁。换言之，全祖望认为天一阁的特色，并不在于自丰稷起所收藏的宋元珍稀本的数量，而在于其由来与传统。就这点而言，丰坊是终结点。

由此，终于在《藏书记》中出现了范钦的名字：范钦曾委托丰坊执笔天一阁的藏书记，还曾请丰坊抄写万卷楼的书籍，两人原本就交往颇深。万卷楼遭逢大火后，范钦回收了劫余之书，更与同时代的著名文人官僚、藏书家太仓（现今江苏省）人王世贞（1529年—1593

---

[1] 新田元规「君主継承の礼学的説明」、『中国哲学研究』二三、二〇〇八年.

年）相互抄写藏书，从而增加了藏书数量。最终虽然规模未能企及原本的万卷楼，但依然建成了浙东屈指可数的藏书楼。然而，《藏书记》的话题又马上转回至丰坊：丰坊炫耀自家藏书丰富，自己伪造了《河图》石本、《鲁诗》石本、《大学》石本，谬称是其祖先丰稷得之于北宋秘府（宫中的书库）；又伪造有朝鲜《尚书》、日本《尚书》，谎说是其曾祖丰庆得之于驿馆，被评"贻笑儒林，欺罔后学"。全祖望在《题丰氏五经世学》（《鲒埼亭集·外编》三十四）中，对这一经书伪造行为也进行了强烈批判。但是，正如其末尾所记"丰氏非漫不读书之人，而悖诞至此，其病狂以后所为无疑也。若其中亦有可采者，不当以人废之，是则梨洲之言信然"，联系黄宗羲在康熙十年（1671年）所做的《丰南禺别传》中所载"已见坊所著五经世学，其穷经诚有过人者"[1]，认为丰坊的疾病是其荒诞行为的主要原因，对其给予同情。此外，全祖望在《丰学士（熙）画像记》（《鲒埼亭集·外编》十九）中赞扬了丰稷以来的学术传统，在言及丰坊伪造经书方面，提出应该改正由于其子的罪过而针对丰熙的不当评价。对全祖望而言，在宋代及明代科举中及第者辈出的丰氏一族，是宁波士人文化的体现。而其中的丰坊，是个另类的存在，如何定位和评价丰坊是个大问题。关于丰坊伪造经书的问题，后文还会涉及。《藏书记》的最后，以赞扬范钦子孙辈的努力为结语，提及了范钦的子孙继承藏书时的各类逸事，虽有散佚，但仍有八成左右保存至今。

四、对丰坊的评价（二）

比黄宗羲年长近三十岁的钱谦益（1582年—1664年），先后入仕

---

[1] 参见黄宗羲. 黄宗羲全集 十[M]. 杭州：浙江古籍出版社，2012：136.

明清两朝，被乾隆帝视作失节者，其著作版木尽被焚毁。但是，钱谦益作为学者、文人，在学界文坛评价颇高，其选编的《列朝诗集》内附明朝诗人的小列传，查阅起来非常方便。《列朝诗集》丁集中提到了丰坊，指出丰坊作为十三经注释底本的《古本》《外国本》或《石经大学》《子贡诗传》均是捏造的说法，恐怕是以明朝王世贞的《弇州山人四部稿》中《艺苑卮言》卷六的《丰坊纪事》为底板所写。王世贞记载"坊高材博学，精法书。其于十三经，自为训诂，多所发明"，批判其伪造"古书"的荒诞行为。此外，王世贞还记载了与丰坊相关的骇人传言——"用蓄毒蛇药杀人，强淫子女，夺攘财产"，但据其友人沈明臣（字嘉则）所言，这并非事实。

> 吾友沈嘉则云："蓄毒蛇以下事无之，第狂僻纵口，若含沙之蛊，且类得心疾者。"因举其一端云："尝要嘉则具盛馔，结忘年交。居一岁，而人或恶之曰：'是尝笑公文者。'即大怒，设醮诅之上帝。凡三等：云在世者宜速捕之，死者下无间狱，勿令得人身。一等皆公卿大夫与有睚眦之也；二等文士或田野布衣，嘉则为首；三等鼠蝇蚤虱蚊也。"此极大可笑。

沈嘉则，宁波人。钱谦益的丰坊小传，也一并介绍了这则逸事。

凡涉及丰坊的记载，作者几乎均对其奇特言行加以有趣或可笑的描述。例如，"姜宗伯求墓志，坊撰文并书，将授使者。食所馈粉羹而咽，坊大呼'姜某毒我'，趣令毁文返币。其门僧德佑，潜易原文，而以别纸焚之，币亦未尝返也"中轻易被骗的丰坊；又如"性鄙人口道钱物，侍者或靳之，谓梅雨须暴藏金。坊曰：'诺。'毕暴而数之，亡一笏，以责侍者。侍者再窃一笏，坊复数之，曰：'是矣！'盖但论其奇偶也"中所述可见，丰坊判断事物的标准与常人相异，由此形成令人哄笑的素材。这些内容均是上文所提黄宗羲的《丰南禺别传》中所谈及的轶事，黄宗羲论述道："徐时进书其逸事，惜文不雅驯，暇时另为一通，以发噱嚛"[1]。根据《康熙鄞县志》卷十七《徐时进传》所记载，徐时进是宁波鄞县人，万历二十三年（1595年）进士，享年84岁。其文集《啜墨亭集》中收录了与丰坊相关的两篇重要文章。其中一篇是卷四万历四十四年（1616年）十二月所写的《丰人翁先生别传》，即黄宗羲在文中所提及的典籍。另一篇则是《刻丰南禺先生遗稿序》，从中可以推测出丰坊晚年及去世后的情形。

徐时进在文中开头提到自己小时候曾在路上看到过丰坊。在熙熙攘攘的人群中，身形瘦削，皮肤呈土色，头顶盘着发，挎着竹篮晃晃悠悠走路的人，正是晚年的丰坊，只有故乡的大司马张公维静（1500年—1577年）先生跟随着丰坊。徐时进很惊讶于其落魄的样子。在丰坊去世后，张公在丰坊之孙越人的帮助下，收集了其留下的诗文，并亲自作序刊行。这是丰坊去世十多年后万历四年（1576年）的事。因为丰坊没有整理过自己所作的诗文，因此大部分都散佚了。万历四十四年，温陵蔡公体国先生在丰坊曾孙孝廉的帮助下，刊行了遗稿集。换言之，徐时进的这篇《刻丰南禺先生遗稿序》，正是蔡体国刊行的丰坊集的序文，该刊本同样收录了鄞县薛冈的序文《丰南禺先生集序》，记载了几乎相同的刊行经过。前文所提及的《丰人翁先生别传》，从执笔时期可知，也是附在这本遗稿集中的传记。

编纂、刊行丰坊遗稿诗集的大司马张公，即同为鄞县出身的张时彻，字维静，号东沙，20岁乡试中举，与丰坊同为嘉靖二年进士，官

---

1 参见黄宗羲. 黄宗羲全集[M].杭州：浙江古籍出版社，2012.

至南京兵部尚书。有文集《芝圆定集》，其中的卷五十一收录了丰坊在嘉靖三十七年七月一日所作的后序。从序中可知两人的朋友关系始于张时彻的弱冠时期，两人也是吏部南曹的同僚。文集中涵盖了记录两人交往生涯的各种应酬诗、对丰坊的祭文、挽诗等。此外，卷二十六中收录了遗稿集所附的《丰南禺摘集小序》。张时彻对丰坊的文采赞不绝口，称赞其博学多识，但又惋惜其不肯与世间妥协，由于一些琐事常与人起纷争，最后落得众叛亲离，在贫困中逝去。这篇序文客观地描述了丰坊的优缺点，在前文所提及的钱谦益的文章中也得到引用。编纂《列朝诗集》时，现存的诗集遗稿可以作为参考。丰坊虽然晚年潦倒，但其故人在丰坊去世十余年后刊行了其诗集，去世50年后又刊行了其文集。

许多评价丰坊的文章，均涉及其书法、书论、经学、奇行。其中对于其书法的评价，声誉从未改变，从丰坊生前到现在仍有许多推崇者。然而，由于丰坊的经书作伪行为，外界对其评价出现极大分歧。多数评论家认为丰坊的许多奇行是其性格所致，许多行为均被归为玩笑类别，但其行为受害者的感受另当别论。天才艺术家以其特立独行来吸引旁人注意，这在古今中外并不罕见。其非比寻常的经学造诣和奇行，在张时彻、徐时进的《五经传》《世统》等经学、史学著作中，往往是高度评价与描述奇行并存。王世贞在高度评价《十三经训诂》独创性的同时，指出假托古注疏或存于国外，属于一种古书捏造行为，但指责的语气并不强。黄宗羲在高度评价其经学成就的同时，将其经书作伪及假托归咎于其心病，并列举其各种奇行作为佐证，也许只有这篇文章能将丰坊的压倒性业绩与其矛盾行为做出合理性解释。但是，此后对于丰坊的经书作伪行为批判力度逐渐加重，《四库全书总目提要》全面否定了丰坊的经学造诣，并将其从学术史上彻底抹杀，而一直致力于表彰宁波的全祖望,对于丰坊的评价正是在这种背景下写成。下文让我们将研究视点转向丰坊的经学造诣。

五、丰坊与《古书世学》

丰坊所撰写的经书,从《四库全书总目提要》中可做如下摘录。根据提要,以下均被认为有丰坊捏造之处。

《古易世学》十五卷

《易弁》一卷

《古书世学》六卷

《鲁诗世学》三十六卷

《诗传(子贡诗传)》一卷

《诗说(申培公鲁诗)》一卷

《春秋世学》三十八卷

《石经大学》二卷

《金石遗文》五卷

除此之外,丰坊的著作还包括作为史书的《世统(世统本纪)》、《崶泉手学》二卷,子书有《书诀》一卷、《淳化帖书评》一卷、《宦游烦琐记》不分卷、《童学书程》一卷、《真赏齐赋》一卷、《帖笺》一卷、《弁帖笺》一卷,文学相关的有《万卷楼遗集》六卷、《南禺先生诗选》二卷。如前所述,其中与书法相关的著作均得到了高度评价。

笔者并不具备从经学观点来评论这些著作的学术能力,但平冈武夫的《丰坊与古书世学》(上·下)是详细论述上述著作的研究成果。该书对《古书世学》进行了系统考察,但所探讨的内容并不仅限于《古书世学》,还涉及丰坊的整体经学。平冈会对丰坊产生兴趣,源于其浏览了顾炎武《日知录》的"二 丰熙伪尚书"。顾炎武以极为认真而严谨的论调批判了《古书世学》是基于箕子朝鲜本《尚书》和徐福日本本《尚书》的伪书。《古书世学》的"古书",即古文《尚书》,是朝鲜、日本的外国本之意,"世学",指此书是由宋朝丰稷的《正音》,其十二世孙丰庆的《续音》、十四世孙丰熙的《集证》、十五世孙丰坊的《考补》等历代丰氏学术积累而成。不管是假托祖先之名还是自己署名,这些讨论并非全都是无稽之谈,事实上许多部分值得充分探讨。

1938年初夏,平冈在北平图书馆偶然遇到了其苦苦寻找的《古书世学》(见图2.2),该书据说印有藏书家延古堂李氏珍藏的印章,是从《帝典》到《多士》[1]的宝贵四册抄本。平冈通过仔细研读该书,认为商书、周书的篇名,顺序的更改,经文的增减改订等,均是基于宋朝以来尚书学的发展,很多改动十分合理。不仅如此,这些论述如果作为丰坊个人见解,多数也能成立,但丰坊却硬要采用《古书》《世学》这种伪造典籍的形式,最终否定了处于正统经书地位的孔氏传本(孔安国本)。想要复原《尚书》经典的面目,就不能仅仅停留在单纯提出个人见解,而有必要展示其复原根据的"证据"。换言之,如果阐述尧、舜、孔子身上的政治理念与道德观,就必须从中国精神文化构造的根本上去论述。秦始皇焚书坑儒前所传存的朝鲜、

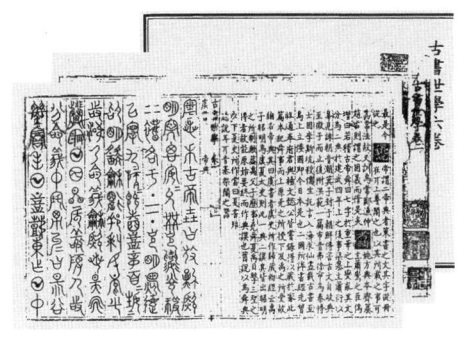

图2.2 《古书世学》(《四库全书存目丛书》本,湖北省图书馆藏明抄本)

---

1 《帝典》《多士》均为《书经》《尚书》中的篇目。

日本《尚书》，足以成为其论据。此外，平冈又以丰坊对文字，特别是古体文字的执着作为问题意识，探讨了丰坊以"古书"为题的最深层次理由：在原始形态或本真形态中，经文与字体有着密不可分的关系。感兴趣的读者对关于这部分的详细内容请参阅平冈的书籍，经的正文部分由既非篆隶亦非隶古字的古体字记载而成，这种非常特别的结构收录在现在《四库全书存目丛书》经部的《世学》诸本，很容易查找。

平冈还论述道，与丰坊身处同时代或稍后世的人，对于《世学》均无法忽视，在《四库全书总目》中引用或论述丰坊学说的书籍如下所示：

明朝：

张以诚《毛诗微言》二十卷、王诗槐《友庆堂合稿》七卷、沈守正《诗经说通》十三卷、邹忠允《诗传阐》二十三卷、《阐馀》二卷、凌濛初《圣门同》三卷、姚应仁《大学中庸读》二卷、刘斯源《大学古今通》十二卷、陈懋仁《析酲漫录》六卷、邹维琏《达观集》二十四卷

清朝：

张能鳞《诗经传说》十二卷、邱嘉穗《考定石经大学经传解》一卷、严虞惇《读诗质疑》、王心敬《尚书质疑》八卷、彭任《草亭文集》一卷

以上虽未全部包罗，但仅这一项内容就有众多书籍成为众矢之的，由此可知《世学》所产生的影响之大。但是，丰坊的《五经世学》在涉及训诂内容研究前，并没有以"世学"的形式受到清朝考证学的认真对待。

六、从丰稷到丰坊

全祖望将天一阁视作宁波具有代表性的历史文化遗产，归根于其认为天一阁继承了丰氏万卷楼的藏书，全祖望在以丰氏族谱来显示的同时，也展现了丰氏家族每个人的文化内涵。这一家族传统的集大成者、历代文化内涵的具象者应该是丰坊的《五经世学》，这是全祖望的良苦用心所在。然而，丰坊构思并创作的《五经世学》，固然说明其本身具有非同寻常的经学素养，但也确实是以丰氏一族的系谱存在为前提。那么，全祖望所描写的从丰稷至丰坊的族谱是否属实呢？按前文所述，族谱前后曾存在断裂状况。由此，笔者想从北宋以来宁波连绵不断的丰氏家族开始考证。

从各种史料收集而成的丰稷以后的子孙世代来看，各代继承关系清楚明了，但同代的人物也有许多模糊不清之处，因此除特别需要说明的情况外均不记述。此外，世代的数量也会根据史料的不同而有不同记载。史料及其简称如下：《丰稷墓志》简称墓志、《丰清敏公遗事李朴后序》简称后序、《寻访子孙劄子》简称劄子、《延祐四明志》简称延祐、《水东日记》简称日记、《康熙鄞县志》品行及选举简称康熙、《天一阁藏书记》简称天一、《正德己未登科录》简称正德。

其中重要的一点是，如前所述，《天一阁藏书记》中没有记载七世孙昌传与八世孙庚六间的继承关系，此为绝嗣。此外，也没有记载十世孙的名字。在全祖望的记录中，庚六以后的内容与叶盛《水东日记》卷七丰庆的记载相同，庚六之前的内容与《康熙鄞县志》品行及选举的记载几乎相同，六世孙稌与其后代昌传的史料未详。关于世代辈分的记载，清咸丰年间（1851年—1861年）钱培名撰《小万卷楼丛书》本《丰清敏公遗事》序中，将丰庆记作十一世孙。但是，丰坊在《古书世学》中，明确记载了丰庆是十二世孙，自己则为十五世孙，因此笔者遵从后者的表述。《延祐四明志》中明确记载了"四世孙"丰谊之子有俊，因此在确定了四世孙和十二世孙的基础上，明确了各世代的名字，如表2.2所示。此外，"××世孙"是按照惯例"玄孙＝四世孙"进行相应的数字记载。

表2.2 丰氏族谱

	稷
子	安常（墓志）/大常（墓志）/希仁（墓志）
孙	济（墓志）/治（墓志）/涣（墓志）/渐（墓志）/至（延祐）稷之侄孙
曾孙	谊（后序）治之子
四世孙	有俊（延祐）/彻（笥子）治之侄孙
五世孙	存芳（康熙）/艺（康熙）/滨（康熙）/云昭（天一）/翔（延祐）至之曾侄孙
六世孙	稌（天一）
七世孙	昌传（天一）
八世孙	庚六（日记）
九世孙	茂四（日记）
十世孙	仁一（正德）
十一世孙	寅初（日记）
十二世孙	庆（日记）
十三世孙	耘（康熙）
十四世孙	熙（康熙）
十五世孙	坊

明代丰氏如何确保能与北宋丰稷的族谱相连？换言之，如何考证七世孙与八世孙以后世代关联的确定性，这是个大问题，也是直接关乎明州（庆元路、宁波府）丰氏家族连续性的问题。解决这一问题的

正是十二世孙丰庆。《正统四年进士登科录》(天一阁藏)中关于丰庆的记载如下:

> 丰庆 贯江西九江府瑞昌县民籍 府学增广生
> 治诗经字□□□□□年二十七十月初九日生
> 曾祖茂四 祖仁一 父初(德化县学教谕)母滕氏
> 慈侍下 兄寿宗 娶鲍氏 继娶史氏
> 江西乡试第六名 会试第十四名

按照上文所载,丰庆的原籍为江西九江府,在江西参加乡试,并非宁波人。相关信息也出现在丰庆同僚叶盛所记的《水东日记》卷七中。

> 丰布政文庆,世居鄞,宋清敏公稷之后也。高祖庚六徙居奉化,曾祖茂四徙定海,考寅初洪武中授训导,升九江德化教谕,正统间卒。

由于其父寅初(登科录中记载为"初")升九江德化教谕,遂丰庆随父迁居,成为九江府人。寅初逝后,丰庆扶棺返回鄞州寻求墓地。《水东日记》中继续记载道:

> 庆扶柩还鄞,将合葬祖茔,访遗墓故址,无知者。侨寓无聊,有语庆者曰:"大卿桥南废紫清观地,实城西之胜,盍图之?"道遇卜者,得"丰"之"革",庆喜曰:"卦符吾姓,意者地必吾所有乎?"继而得元袁学士桷所修郡志,云紫清观去县西三里,丰清敏

故园也。庆益喜，倾意请复。又有得观之砧基旧簿于乡人，备载圃地三十余亩，为其邻所侵，寻皆倍直赎之。既而先墓前石翁仲等皆以渐而复，今家焉。

自高祖庚六起，丰氏历代已离开鄞州多年，丰庆最终寻找到当年丰稷的故地，回到了祖先原来的地方。由此，丰庆确认了自己在丰稷族谱上的位置。此外，还有一份典据也能佐证这项内容。

这就是宋代编纂的丰稷传记《丰清敏公遗事》（以下简称《遗事》）的复刻本。该书是由丰稷之孙丰渐为表彰祖先，传扬后世，整理丰稷相关事迹编纂而成。受丰渐委托编纂此书的是李朴，在其亲自执笔的后序中，讲述了受此委托的缘由：郭维是丰稷门下，丰渐由其听闻许多遗事，又收集了留存在缙绅故家的遗文，再委托给同为门人的自己。此外，序文中也记录了丰渐在从番禺返回途中，顺道至赣石（赣州，李朴是赣州兴国人）委托自己的详细过程。李朴是北宋绍圣元年（1094年）进士，曾任西京国子监教授，受到过程颐的好评（《宋史》卷三百七十七）。

丰稷原本是明州士人社会兴盛期"庆历五先生"之一、南宋明州庆元府望族楼氏祖先州学教授楼郁的学生，与同学舒亶同为朝廷高官。两人的友谊贯穿整个为官生涯，但在政治立场上，丰稷属旧党派，舒亶属新党派，互相对立。一开始舒亶的名声远高于丰稷，在南宋前半期的宁波地方志《乾隆图经》中引用的多数诗文均出自舒亶和王安石，丰稷的作品很少。后文中所引用的《寻访子孙箚子》，是在北宋灭亡的社会混乱期，由于丰稷的直系子孙不知所终，原则上站在旧党派立场的南宋政权为寻找其子孙所出的告示，由此可窥探一二南宋前半期丰氏的知名度[1]。丰渐展开对祖父丰稷的传记编撰也处于这样的社会背景下。

《遗事》刊刻于南宋时期，在《郡斋读书志四卷附志》五中记载着"丰清敏遗事一卷 右李朴所编丰公稷之言行也。陈瓘叙次及复官赐谥制，寻访子孙箚子，国史列传附于后，朱文公为后序云"。然而该书传世稀少，因此丰庆立志将其复刻。丰庆在跋文中记录道，《遗事》一书是以父亲丰寅最初在维扬告诉其在家谱中抄写所得的版本和自己所获的（南宋）刻本为基础复刻而成。近年出版的《四库全书存目丛书》中收录了北京图书馆藏明刻本的《遗事》，在正文后面，附李朴后序、朱熹后序，作为附录添加了墓志、追复枢密直学士诰、赐谥清敏制、寻访子孙箚子、国史传，还新增了注孟子三章、幸学诗、曾南丰赠行歌、祠堂记，但未见丰庆作的跋文。

由此可知，明代丰氏一族之所以坚持丰稷以来的传统，与丰庆迁居至鄞县，通过复刻《遗事》让后代意识到自己是丰稷子孙的行为密不可分。与丰坊直接相关的丰氏传统，可以说事实上正来源于丰庆。由于丰氏是极为罕见的姓氏，宁波的丰氏几乎可以肯定是丰稷的子孙。但是，其文化传统并非单纯从宋、元至明的传承。丰庆的族谱再生与丰坊的传统文化创造相关联，丰坊具有的强烈冲击感的个性催生了全祖望对地域历史的叙述。地域的历史，通过"记忆与记录"的传达而继续传承。南宋丰渐通过刊刻《遗事》记录了丰氏的记忆，丰庆通过《遗事》的复刻对"记忆与记录"的传承发挥了决定性的作用。

---

[1] 近藤一成『宋代中国科挙社会の研究』汲古書院、二〇〇九年.

七、结语

嘉靖二十六年,策彦再度以明船正使身份抵达宁波,次年九月二十日,策彦拜访了丰坊并受到了款待。策彦将当时的情形记录在日记中:

> 斋罢谒丰谢元。予呈短书。书曰:"承闻老大人文物德望冠中华,况飞英声于外夷遐陬,生凤抱荆识之愿。今日何幸亲纳拜于钧床下,感荷弗胜,恐欣无涯。"老爹出迎于檐外揖者二。次请予及土官。又入户有揖礼,然而就座。座罢吃茶,茶罢笔谈移刻。然后老爹请予及土官以下于寝室而下饭。酒及十行。伶优唱歌。宴到暮而归……[1]

当时,丰坊与策彦围绕日本《尚书》进行了问答,《古书世学》中记录了该项内容。

> 丰坊曾问策彦:"商书平顺而易晓,周书聱牙而难读,何也?"策彦回答道:"孔子年三十一如周,问礼于老子,而观书于石室,竹简浩繁,载必兼辆,圣人天纵之资,一目彊(强)记,归而默书,以授弟子,其文多经圣笔润色,若《盘庚》《周诰》,当时王者诰命,杂以方言,如今朝廷诏令,多有文移字样,为臣下者不敢擅更其词也,因取典谟夏商之书,较之《易》之《十翼》,详其文气,如出一手。"

---

[1] 牧田諦亮『策彦入明記の研究』上・下、法藏館、一九五九年.

平冈、牧田则指出，上述内容均出自丰坊的自导自演。

附有日期"嘉靖二十七年十月朔"的丰坊为策彦所做的《谦斋记》（策彦号谦斋）以"日本昔其箕子之化，而徐市避秦航海，携古诗书以去，实出坑焚之前。欧阳公所谓'令严不许传中国'者是也"开端。在入明僧人面前，丰坊确认了自己的经学根据。作为长期以来联结朝鲜、日本的唯一窗口的宁波，丰坊的确是在此诞生的士人。策彦接触并带回日本的中国文人的作品，是在宁波士人文化"记忆与记录"的特定环境下创作而成[1]。

（近藤一成）

第三节　思想的记录、记录的思想——宁波望族万氏

一、"万氏八龙"

众所周知，中国人喜欢数字"8"。"因为汉字'八'呈现出不断向外扩展之意""因为'8'的发音通'发财'的'发'"等，对此能列举出各种各样的理由，但不管怎么说，中国人对这个数字的执着程度着实惊人。此外，"龙"这一神兽是皇帝的象征，毋庸置疑，"龙"在中国文化中占据非常重要的地位。将以上两个字组合在一起，是非常吉利的，曾经在宁波就有被称作"八龙"的八兄弟。为表敬意，笔者先记录下他们的基本信息。

1　本节内容由以下论考改稿而成：近藤一成「宋代中国士人社会研究の課題と展望——明州寧波士人社会と豊氏一族」早稲田大学アジア研究業書『アジア学のすすめ　第三巻　アジア歴史・思想論』弘文堂、二〇一〇年.

万斯年（1617年—1693年）字祖绳，号谵庵

万斯程（1621年—1671年）字号不明

万斯祯（1622年—1697年）字正符

万斯昌（1625年—1653年）字子燨、孝先

万斯选（1629年—1694年）字公择，称白云先生

万斯大（1633年—1683年）字充宗，号坡翁，称褐夫先生

万斯备（1636年—？）字允诚、又庵

万斯同（1638年—1702年）字季野，号石园

现在搜索维基百科，能搜到"万斯大"和"万斯同"的相关介绍（截至2012年12月18日）。的确，"八龙"中这两位尤为出名，因为两者均是在中国学术思想史上留下重要足迹的学者。此外，《中国思想辞典》（研文出版，1984）中也收录了二者的名字，万斯大是"明末清初经学家"，万斯同是"清初史学家"。位于宁波奉化莼湖镇的万斯同墓（见图2.3），现在被列入"全国重点文物保护单位"。

图2.3 万斯同墓

"全国重点文物保护单位"是对最具价值的历史文化遗产的认定，一方面无疑是因为万斯同是以布衣身份参与《明史》编纂的史学家。

其参与《明史》的编纂，是由老师黄宗羲举荐，之所以以布衣身份参与，是在清朝统治下的权宜之计。另一方面，万斯同墓在建成后曾长久湮没无闻，直至抗日战争时期，为激发国人的凝聚力，提高民族意识，国民政府决定修复万斯同墓，同乡出身的蒋介石也参与筹款，最终使墓地面目焕然一新。2006年万斯同墓被列入"全国重点文物保护单位"，再次进行了大规模修缮。

在中国，世代均是读书人的家庭被称作"书香世家"，万氏一族毫无疑问正是宁波地区最具代表性的书香世家，"万氏八龙"则使这一家族登上了历史的顶峰。从万斯同墓被列入文物保护单位的级别可以看出，其历史性意义是全国级的。但是，万氏并非一开始就是书香世家，对于这一族是如何确立其地位的，笔者将参照该族的记录《濠梁万氏宗谱内集》（东京大学东洋文化研究所所藏 乾隆三十七年重补刊本）来进行考察。通过该项考察，我们能窥探出作为创造并传承学术的名门望族的些许样貌，再进一步探究"记录文化"这一问题本身。

二、一族的记录——"濠梁万氏"

他们被称作"濠梁万氏"。由于万氏是宁波的一族，也许读者会认为"濠梁"也应该在宁波，但当你翻开地图仔细观察，就会发现"濠梁"在如今的安徽省滁州市，当时被称作凤阳府定远县，"濠梁"是那里一座桥的名称。在那片土地上，有条名为濠水的河，河上的桥梁就被称作"濠梁"。喜欢汉文学的读者也许马上就能想起《庄子·秋水》中的名篇《知鱼之乐》，庄子与惠子的问答就发生在"濠梁之上"。据称，这一家族移居宁波后，仍然沿用此处地名，是为"不忘本"（《濠梁万氏宗谱凡例》）。

万氏原本是武人世家。洪武二十八年（1395年）移居宁波，是由于万钟被授予"宁波卫指挥佥事"（"卫"指设在险要之地的军队）一职，这一职位可由其子孙世袭。能获得如此殊荣，是因为其父万斌早年跟随朱元璋在濠州起事，屡立战功之故。万斌、万钟，包括万钟之子万武、万文兄弟，皆战死沙场或因公殉职。从万斌起，三世四人均为国捐躯，因此被誉为"三世四忠"。然而，由于男丁接连死于国事，万家陷入没有壮年男丁能支撑家族的境地，万钟之妻曹氏、万武之妻陈氏、万文之妻吴氏等人齐心协力，全力守护万家。万武之妹、万文之姐万义颛甚至终身不嫁，为万家倾尽全力。她们的功绩被赞誉为"三节一义"。

在宁波开始书写家族历史的最初阶段，万家人的历程是如此艰辛。但是，毫无疑问，正是他（她）们的艰苦奋斗，获得了"四忠三节一义"的盛誉，才奠定了宁波地区万氏一族的坚实基础。

从万表起，万氏一族开始逐渐接近学问世界。由于他的出现，万家成长为"武""文"兼备的名门望族。万表17岁时世袭"宁波卫指挥佥事"一职，正德十四年参加浙江武举，次年会试及第（不知何故，传记中没有记载其后的殿试，也许是因为已经世袭指挥佥事之职）。作为一名武将，万表在整修漕运与抗击倭寇方面表现优异（但基于实际情况，万表主张应采用"海寇"而非"倭寇"的称呼）。更值得一提的是，万表在学问、思想领域也相当活跃，与王畿、罗洪先、唐顺之、钱德洪等当时极为活跃的"阳明学"名士颇有往来。由此缘故，万表被称为"儒将"。在考察万氏一族的发展历程中，这个"儒将"的称呼耐人寻味，因为它正处于这一家族从"将"向"儒"转变的转折点之上。

其后到万表之子万达甫、万表之孙万邦孚，万氏家族继续顺利发展，至万邦孚之子万泰（1598年—1657年）时，万家已经舍弃了武将之家的传统，转变为文人、思想家之族。李文胤所写的《孝廉万先生墓碣铭》，将万泰的人生记录记载为"自其始祖明威将军至先生十一世，前十世俱为将，以忠义世其家，至先生始以文章名世应制"。喜欢《三国志》的日本人也许很难想象，在传统中国，武将的社会地位并不高。因此，这段记载可理解为具有非常明显的"表彰"意图。此外，与万表类似，万泰也与同时期的浙东地区（现今浙江省东北部）名士们有着各种各样的广泛交流。他师从刘宗周，也会参加文昌社、复社等既属文学社团又为政治结社的团体活动，与陆符、黄宗羲兄弟等这一地区不可或缺的文人志士均有交流，因此可以说万泰并非"儒将"，而可以称其为"儒"。

还有一点尚需说明的是，万泰就是"万氏八龙"的父亲。书香世家并非一日而就，也并非单纯依靠一族的内部力量，重要的是以地域、血缘为轴，脚踏实地地构筑起关系网。因为通过人际交流不仅能获得知识财产，还能在各种记录中留下名声。

三、空间记录——白云庄

那么，在这里让我们稍换"口味"，请大家参观一下与"万氏八龙"相关的文化遗迹、名为"白云庄"的地方。其所在地位于宁波市海曙区城云街道管江岸，只要告诉出租车司机"白云庄"，就能顺利抵达目的地。

白云庄原为万氏一族的祠庄。前文所提及的万邦孚，晚年在宁波西郊管家岸建造生圹（生前预留的坟墓），左侧建造祠院，供孩子们读书。这就是白云庄的前身。不仅万邦孚，其后万氏一族的不少人均葬于此。

这个地方之所以如今被重点保护，完全是因为黄宗羲曾讲学于此，毫无疑问他是明末清初颇具代表性的大思想家。他在宁波进行"证人之会""讲经会"等讲学活动时，白云庄也是讲学会场之一。因此，白云庄也获得了"甬上证人书院""书院圣地"等称号。然而，白云庄并非一般意义上的书院，而是万氏一族的别院兼墓地。这里之所以会成为讲学会场，是因为黄宗羲是万泰的朋友，也是万斯选、万斯同等人的老师。

通过阅读《宁波文物古迹保护纪实》这本与宁波地区的遗迹修复、保护相关的图书就会发现，没有上述经历，白云庄也就不可能有现在如此这般的地位。根据该书的记载，白云庄的历史如下所示（节选部分内容）：

> 清代末年，白云庄废弃。1934年，甬人杨贻诚等一些热心于乡邦文献人士，在一片菜地中寻到庄屋的屋基，……遂发动社会贤达集资重建白云庄。……1963年3月13日，浙江省人民委员会将它公布为第二批省级文保单位。……1981年5月6日，浙江省人民政府重新公布白云庄为省级文物保护单位，归属于"历代名人纪念建筑及墓葬"一类，并指明为"明末清初黄宗羲讲学处"。……1989年春，万邦孚的十二世孙、旅港的春先先生偕同十三世孙旅印尼的三源先生及旅纽约的三权先生来故乡探亲，祭扫祖墓，并出资委托在甬的族孙万慎煦先生重修祖墓，……改革开放以来，白云庄从长期封闭、自然衰败，到全面整修、对外开放，至今已成为市内一处文化旅游点[1]。

---

1 许孟光.宁波文物古迹保护纪实[M].宁波：宁波出版社，2000：125.

现在我们所能看见的，是作为文化旅游景点的白云庄（见图2.4、图2.5）。穿过大门就是一栋栋气派的建筑，其中一部分设置了以"浙东学术文化"为主题的专题陈列。所谓"浙东学术文化"，即指在浙东地区开花结果的学术文化，这个词的使用具有从黄宗羲至万斯同处继承的学术系谱性的强烈意识。白云庄的正面入口处挂着"万氏故居"的匾额（见图2.6），也有解释称这里是万斯同的故居，但正如前文多次提及，白云庄是万氏一族共同的别院兼墓地，因而将此处称作"万氏（万斯同）故居"确实有所偏差。这块牌匾的下方两侧挂着"倜傥指挥天下事，风骚驱使古人书"的对联（见图2.7），笔者将其大致理解为"卓越的人物指挥天下，博学的人物饱览群书"。

图2.4　白云庄标识

图2.5　白云庄大门

图2.6 白云庄内建筑

图2.7 白云庄内对联

　　这是以天一阁博物馆所藏全祖望的亲笔对联为底本制作而成，全祖望也是宁波出身的著名学者，曾与万斯大的儿子万经等人交往，与万氏颇有渊源。尽管如此，这副对联本身却与万氏一族及白云庄毫无关联。据说这是全祖望在北京与友人切磋学问时所做，用以表达自己的理想及对友人的崇敬之情。而将全祖望的对联悬挂于此，意图促使将白云庄演绎成为"浙东学术文化"基地、圣地。换言之，即旨在创造白云庄的文化空间。

　　这种情况并非只适用于现代社会，如前所述，白云庄被称为"甬上证人书院"，这一称呼是由全祖望推广并确定下来。通读其《甬上证人书院记》这篇文章，能深切感受到全祖望对这个称呼的理解。文章的大致内容如下所示：

　　　　证人书院一席，蕺山先生越中所开讲也。吾乡何以亦有之，盖
　　　　黎洲先生，以蕺山之徒，申其师说，其在吾乡，从游者日就讲，因
　　　　亦以证人名之。书院在城西之管村，万氏之别业也。

　　　　　　　　　　　　　　　　　　（《鲒埼亭集·外编》，卷十六）

　　"甬上"指宁波地区，但这里并不单指地理空间。全祖望在文章中记载了黄宗羲在各处进行讲学活动的情况，参与其中的以宁波地区的士人最为优秀。"吾乡自隆万以后，人物稍衰，自先生之陶冶，遂大振，至今吾乡后辈，其知从事于有本之学，盖自先生导之"，这段记述，生动体现出全祖望对"甬上"这个词所饱含的感情。

　　请留意"书院在城西之管村，万氏之别业也"这一句。其实，黄宗羲在宁波地区进行的讲学会，地点并不只是白云庄，还包括参加者的民宅、寺院等各类场所，因此只有白云庄独占"甬上证人书院"之名就稍显奇怪。其中的主要缘由，估计是委托全祖望执笔《甬上证人书院记》的是"万氏八龙"的孙辈（且与黄宗羲有姻亲关系）。此外，也有彰显宁波地区代表性名门望族万氏的意图。从引文中可以看出，全祖望对宁波地区"有本之学"的传统（换言之，即"浙东学术文化"）怀有很深的敬畏之情。所谓"有本之学"，并非空想空论，而是基于历史事实，根据合理。这种学问传统的形成，离不开像万氏这般

源远流长的书香世家。全祖望正是基于上述认识，认真记录了"甬上证人书院"乃至宁波地区的书香世家。

总之，"作为浙东学术文化基地、圣地的白云庄"这一构想，在全祖望的思想中已表现得非常明显。现在，"甬上证人书院等同于白云庄"这一认识已传承固定，也就被赋予了"书院圣地"这一称号。

四、事件的记录——万斯同的历史学

上文考察了"濠梁万氏"，特别是"万氏八龙"，本部分将研究焦点转向万斯同。如前所述，其最出名的事迹就是参与了《明史》的编纂工作，但本部分则拟探讨他的《南宋六陵遗事》这部著作。之所以选取这部著作，是因为本部分所探讨的话题既具体又极具象征性。即便是对万斯同的历史学不熟悉的人，也能很好地领悟万斯同历史学的特色。

书名中提到的"南宋六陵"，即南宋皇帝（高宗、孝宗、光宗、宁宗、理宗、度宗）的陵墓，位于宁波附近的绍兴。在南宋灭亡，江南地区也处于元朝统治下的"某时"，一个名为杨琏真加的和尚，在南宋皇帝的陵墓里大肆掠夺金银财宝。该事件在《元史》卷中有如下记录：

> 有杨琏真加者，世祖用为江南释教总统，发掘故宋赵氏诸陵之在钱唐、绍兴者及其大臣冢墓凡一百一所；戕杀平民四人；受人献美女宝物无算；且攘夺盗取财物，计金一千七百两、银六千八百两、玉带九、玉器大小百一十有一、杂宝贝百五十有二、大珠五十两、钞一十一万六千二百锭、田二万三千亩；私庇平民不输公赋者二万三千户。他所藏匿未露者不论也。

针对这一突发事件，即刻便有小规模的抵抗活动秘密展开，"数名义士"秘密夺回皇帝遗骨，将其厚葬后以种下冬青树作为标记。该义举被称为"冬青之役"。此后，"冬青之役"不仅成为众多学者历史考证的对象，也频繁出现在诗歌、戏剧中。这一义举可以称之为在这种特殊国情下合乎情理的"模范"。即使会有人认为"模范"这一说法不太恰当，但也会认同该义举是常人很难做到的极具勇气的行为。

然而，如前所述，该义举是在"某时"由"几位义士"展开。由于是在混乱中秘密进行的活动，很难确定到底是谁在何时进行，因此许多学者提出了各类意见。万斯同的《南宋六陵遗事》也是在这种情况下诞生的著作。但是，这里使用"著作"一词可能会引起误会，因为这本书应该被称为"辑录前人文章的文集、史料集"。表2.3为该书目录，省略了序跋之类的内容，为方便起见，添加了序号。

表2.3 万斯同《南宋六陵遗事》目录

1.《续通鉴纲目》	18.《书缀耕录后》（彭玮）
2.《元史世祖本纪》	19.《双义祠记》（文徵明）
3.《唐义士传》（罗有开）	20.《诛髡贼碑》（田汝成）
4.《书林义士事迹》（郑元祐）	21.《漫录》（冯梦祯）
5.《志罗陵使遗事（癸辛杂识）》（周密）	22.《山阴县志》
6.《冬青树引》（谢翱）	23.《会稽县志》（张元忭）
7.《冬青树引跋》（张孟兼）	24.《杭州府志》（陈善）
8.《又》（孔希普）	25.《南宋诸陵》（浙江通志）
9.《跋谢翱冬青树引后》（赵汸）	26.《王英孙传》
10.《发宋陵寝》（陶宗仪）	27.《唐珏传》
11.《冬青冢篇》（杨维桢）	28.《林景熙传》
12.《明太祖实录》	29.《郑樸翁传》

续　表

13.《瘗穆陵遗骼碑（绍兴府志）》（张士敏）	30.《冬青引注》（黄宗羲）
14.《书穆陵遗骼》	31.《至兰亭寻冬青树记》（黄百家）
15.《穆陵行》（贝琼）	32.《书林唐二义士传后》（万斯同）
16.《穆陵行》（高启）	33.《书林唐二义士诗后》（万斯同）
17.《白石樵唱注》（章祖程）	34.《书癸辛杂志后》（万斯同）

万斯同自己的文章，只有最后三篇。由这些文章可知，六名义士为唐珏、林景熙、王英孙、郑朴翁、谢翱和罗诜，杨琏真加在元世祖十五年（1278年）十二月盗掘了南宋陵墓。当然，这些推论均是在对前人学说的仔细研究和取舍之后得出的。

但是，比起这些考证后的结论，笔者更关注该书的特征。尽管此书曾被评价为"辑录前人文章的文集、史料集"，但这绝不意味该书是前人文章的翻版。首先，如果没有相当充足的学识，是无法将这些散落的史料汇集成书的。这和现在"复制粘贴"横行的网络环境截然不同（在本书的执笔过程中，这样写出来的报告、论文已成为社会问题）。而且，万斯同对收集的资料进行考证并提出了自己的见解，这明显不是前人文章的翻版。比之更为重要的，是其所处的时代状况。对万斯同而言，他生活在一个满族统治逐渐成为既定事实的时代。其出生成长的宁波，是一个抵抗满族入侵非常活跃的地区，他的父亲、兄长、老师，均投身此项活动。生活于这一时代的万斯同，其收集、记录并考证了勇敢面对暴行的人们的故事，这一点非常重要，有必要为后人所知。

万斯同所著的《庚申君遗事》与《南宋六陵遗事》具有相似的性质。该书是考证庚申君即元朝顺帝其实是南宋恭帝私生子风闻、传说的"辑录先人文章的文集、史料集"。在此，笔者姑且只介绍万斯同

"试图将元朝从中国正统王朝中剔除出去"[1]的意图,仅凭这点,就能感受到万斯同的精神所在。

《南宋六陵遗事》与《庚申君遗事》均是收集有关某一事件"记录"的书籍。更精确地说,是辑录关于某一事件的言说,是通过将其编纂成史料集的方式将自己所相信的"真实"传递给后世的书籍。"记录""收集""编纂",通常被认为是没有个性、非主体性的行为,但事实并非如此,因为这是发现某件事的价值(正面或负面),通过取舍甄别来主张自己见解的行为。"取舍甄别"最好遵守客观性、学术性,这是最有效地向别人诉说自己见解的方法。就万斯同而言,这也是保护自己的方式,因为其所涉及的是描写"勇敢面对元朝暴行的人们的故事""元朝君主事实上已继承汉民族王朝血脉的故事"。可以说,他披上了非政治的外衣,但其写作意图却最具政治性。

五、结语

本节虽围绕"濠梁万氏"展开,但其实是根据几个"隐藏主题"写成。其中一个"隐藏主题"就与文中多次提及的黄宗羲、全祖望有关。黄宗羲、万斯同、全祖望等的学术成就被称为"浙东史学"(与"浙东学术文化"大致同义),这是一门根植于土地和心理层面的学问。心理层面,其实也指他们拥有姻亲或近邻等具体性关联。通过维持这种关联性,书香世家之氛围更为浓郁。所谓"浙东史学",也是这种关联性的表现。

另一个"隐藏主题"则与"记忆、记录和纪念"的多重性有关。万斯同墓是为提高民族意识而重建的,而万斯同以布衣身份参与满族

---

[1] 松崎哲之「消えた元王朝——万斯同の『庚申君遺事』について」『筑波大学中国文化論叢』第一八号、筑波大学中国文化研究プロジェクト、一九九九年.

统治下的正史编纂，即对汉族的前王朝进行历史性概括的艰巨工作，在当时很有必要，对其墓地的重建也是一种纪念行为。还需指出的是，万斯同生前辑录、编纂、考证的记忆作为记录留存了下来，以纪念曾经的义士们。记忆、记录、纪念，层层相叠，相互融合。

以上两个"隐藏主题"紧密相连，如前所述，宁波是抵抗满族的活跃地区。联想到万氏的"三世四忠"，在堪称天崩地裂的明末清初时期，"濠梁万氏"如果没有转变为文人家族而继续维持武人世家的话，也许会陷入灭族的境地。当然，万氏一族的多数人都参加过反清抵抗运动，这种假设几乎毫无意义。总而言之，万氏一族避免了灭族危难，围绕家族发生的各种事件均未消失在"忘却之穴"[1]中，反而被留存至今。黄宗羲、全祖望及其他许多人的行为相互交织，使相关"磁场"更为活跃，记忆和事件得以被留存下来。宁波是个能成功维持这种文化构造的地区，"浙东史学"这一概念框架，也是宁波这种记录文化的产物之一。不仅如此，通过"浙东史学"的成果（由此产生的记录），宁波的记录文化本身也得以传承和彰显。

生活在现代的我们，在利用历史中积累的记录来理解文化时，非常有必要留意其中存在的记忆和纪念。

（早坂俊广）

---

1 高橋哲哉『記憶のエチカ——戦争・哲学・アウシュヴィッツ』岩波書店、一九九五年.

第四节　宁波与文人

一、引言

中国地图分南北两大区域，北方黄河流经的地区称为华北，南方长江流经的地区称为江南。华北与江南的差异可类比日本的关东与关西，但由于中国大陆的广袤，华北与江南的差异更为显著。在这两个截然不同的地区，若问哪种文化曾占据优势，笔者以为自宋朝起，应该还是江南地区更具优势。经济方面，江南远超华北；文化方面，科举及第者中江南出身者的数量也占据绝对优势。

具体而言，狭义的江南如果限定在当今的行政区域，大致对应浙江省和江苏省一带。这一地区所诞生的文化向来都以精致高雅著称，尤其在学术和艺术领域持续引领潮流。如果不谈及浙江和江苏，就几乎无法探讨中国的学术与艺术。

本书所聚焦的宁波，正位于引领学术和艺术领域的浙江地区，是江南地区首屈一指的地方城市。这片宁静温和的土地孕育出了许多优秀人才，培养了众多高雅的文化。

然而，回顾宁波的历史，实际上并非只有平稳期，相反，宁波经历了不少动荡时期。尽管名为明州、宁波，却并非一直明亮安宁。本节所谈及的明末清初时期，正是宁波陷入混乱期，也是被纳入世界白银经济、开始步入新变革的时期。1644年明朝灭亡，由满族统治的清朝入关，各地相继出现了拒绝侍奉清朝的势力。思想家刘宗周（1578年—1645年）在得知明朝灭亡后，选择绝食自殉，20天后饿死。学者顾炎武（1613年—1682年）也投身反清运动，坚守遗民（即使明朝灭亡也要坚守忠义）立场。顾炎武的母亲断食而亡，并留下遗言要求他不可侍奉两姓（不同王朝）。诗人吴伟业（1609年—1672年）试图为明朝殉死未果，后被迫入仕清朝，但终生懊悔成为贰臣。除此之外，还有许多人抵抗这一新的王朝。这就是明末清初的一个动荡时代。

在各地争乱蔓延之际，宁波成为抵抗清朝的最大据点。具体而言，宁波不仅是高雅学问和文化的重要传播地，还是武装抵抗势力的汇聚地。其存在本身对周边各地的抵抗力量产生影响，并引发共鸣，它吸引着周边地区，周边地区对宁波就像砂铁环绕磁铁那样，形成类似磁场的效应。

想要了解宁波的这一层面，要看看一本由当地人撰写的流传至今的图书，这就是《杜诗详注》。本节将通过探寻《杜诗详注》的性质，重新审视宁波这片风土。

二、杜甫文本的"集大成"者

《杜诗详注》是清代文人仇兆鳌（1638年—1717年）编撰的杜甫诗注解书。杜甫（712年—770年）是唐代伟大的诗人，他的诗作深邃睿智，令后世许多读书人深有感慨。读书人将自己对杜诗的理解作为注释记录下来，最终形成了为数众多的杜甫诗注。其规模早在宋代就已达到"集千家注杜工部诗集"，即"上千位文艺评论家曾写过针对杜甫诗的注释书"这一程度。

随着众多读书人的成果被不断纳入，清朝康熙年间出现了仇兆鳌的《杜诗详注》。全书共分五卷，以注释内容详细著称，至今仍是许多人信赖的杜诗注解。例如，中华书局出版的《杜诗详注》活字版截至2007年已印刷七次，共计八万八千册。当然，《杜诗详注》之后，乾隆年间刊行了以心理分析为切入点的《读杜心解》（浦起龙撰，

1725）、注释力求简明不冗杂的《杜诗镜铨》（杨伦撰，1791）等其他诗注。虽然这些后续的杜诗解也很优异，但也由于注释过于简单反而存在阐释不清等缺点，因此许多人仍然推崇《杜诗详注》。

尽管《杜诗详注》广受青睐，但编写该书的仇兆鳌本人到底是何等人物，几乎鲜有人知。考察这一编者，会切实感受到仇兆鳌是一个非常富有启示性的人物。宁波既是江南首屈一指的优秀学术文化的传播地，也是开展反清运动的重要地区，而仇兆鳌本身与这两方面因素均有着密切关联。

三、代代绽放的教育之花

仇兆鳌，明崇祯十一年（1638年）出生于鄞县，是土生土长的宁波子弟。康熙二十四年进士，官至吏部右侍郎（从二品）的高位。其主要著作《杜诗详注》最初于康熙三十二年（1693年）以钞本（抄本）形式公布，随后历经20年的反复修订，于康熙五十二年（1713年）刊行最终版的刻本（木版本）。四年后仇兆鳌去世，享年80岁。

其父名为仇遵道，由这个名字可以推测他是一个恪守"道学"，即"朱子学"教义的文人。虽然仇遵道未能科举及第，但作为当地的知识分子，也拥有众多门生。其子仇兆鳌在年谱中曾自豪地提到这点（《尚友堂年谱》，第189页）。

这里需要强调的是，仇兆鳌成长于一个知识分子家庭，从幼年起就接受了传统的精英教育，因此有足够丰富的学识来编写《杜诗详注》。仇兆鳌从五岁开始背诵书籍，六岁开始上私塾，每天饭后都要花时间记诵古典。他的儿子也是一名举人，成功通过了乡试，这表明家族内的精英教育在代代延续。

就像日本作家川端康成在《临终的眼》中所写："我认为艺术家

并非一代就能诞生，经过几代人的血脉，才可绽放出一朵花。"在艺术或学术领域，确实存在这种倾向，至少在古代中国，这一点表现得尤为明显。

以古典诗歌的注释书为例。李商隐、杜牧和苏轼分别是晚唐和宋代的著名诗人。当今的研究者必会阅读他们的诗作。关于李商隐，必会参考冯浩（1719年—1801年）所撰的注释书《玉溪生诗集笺注》；关于杜牧，则会参考冯集梧〔（1748年—1802年），乾隆辛丑年（1781年）进士〕编的《樊川诗集注》；而关于苏轼的诗作，首先会翻阅冯应榴（1741年—1801年）编的《苏轼诗集合注》。这些注释书至今仍闪耀着学术上的光辉，这三位编者，冯浩为父，冯应榴为长兄，冯集梧为弟，均是浙江桐乡（今嘉兴市，宁波西北面）的知识分子。而且，他们都是科举考试进士及第者。放在现在，可以类比为父子三人均成功考取东京大学，且通过了国家公务员Ⅰ类考试，甚至比这更为杰出。这正是中国数代知识分子持续传承家学的典范。江南的浙江一带，聚集了许多这样的知识分子家庭，为这一地区带来了众多学术文化思潮。

宁波的仇兆鳌所著的《杜诗详注》正是这种学术文化的体现。在文化昌盛的江南一带，尤其是在主要地区之一宁波成长的仇兆鳌，充分感受着这片土地本身所特有的文化磁场，同时积累了丰富的学识。正因如此，才容易产生像《杜诗详注》这样的注释书，这一点是笔者首先所要强调的。

四、仇兆鳌的立场

关于仇兆鳌编著《杜诗详注》的过程，还存在需要进一步探讨的问题，即明末清初在宁波出生的仇兆鳌与当时的反清势力，以及相关人物的关联。事实上，仇兆鳌的周围存在着一批决不与清政府妥协的坚毅志士。甚至可以说，他的一些至亲就是主张彻底反清的主要人物。

其中一个主要策划者就是黄宗羲。黄宗羲与盟友万泰共同展开了反清运动。虽然最终以失败告终，但他们并未投降清朝，而是在学术领域开展进一步活动，并在中国学术思想史上留下了浓墨重彩的一笔。

实际上，仇兆鳌也是黄宗羲的弟子。同门中的代表人物之一万斯同曾评价其："黄先生之门人遍于浙东西，而四明仇沧柱（仇兆鳌字沧柱）先生为之冠。"（《明儒学案序》）。因此，很多人推论仇兆鳌应该与老师黄宗羲一样，主张抵抗清政府。

然而，纵观其留下的记录，事实上并没有明显的迹象表明仇兆鳌曾经抵抗清政府。不仅如此，仇兆鳌甚至明确展现出对清朝皇帝的忠诚。这到底是何缘由？实际上，不仅仇兆鳌，黄宗羲在宁波的许多弟子均为清朝效力。从理论上说，不应该禁止那些未曾为明朝效力的年轻人入仕新王朝，其中确实存在着时代变迁的原因。尽管如此，"遗民"也依旧存在，黄宗羲仍旧是伟大的导师。那些入仕清朝的黄宗羲的弟子们，又是如何在这种微妙的关系中找到平衡点呢？在仇兆鳌的《杜诗详注》中，或许可以找到这个问题的一部分答案。

五、《杜诗详注》的献呈及对黄宗羲的敬慕

仇兆鳌在康熙三十二年冬，向皇帝递交了《杜诗详注》。若要问为何？只因同年夏天，康熙帝的命令直接促成了此事。当时仇兆鳌在翰林院负责撰写文章，但皇帝对翰林院官员写的文章感到不满，因此命令官员们提交诗文，以促其有文风自觉（《清实录》卷二百五十九，

康熙三十二年癸酉夏四月）。

接到命令后的仇兆鳌决定递交他之前已写成的《杜诗详注》（见图2.8），其理由是通俗粗糙的文章会显得有失庄重，而杜甫的诗集则更适合递呈。被递呈的这份诗注充分考虑到是为皇帝审阅，在体裁上表达了最高敬意。例如，所有涉及皇帝的词句均被换行并移至行首，即便是那些本就已经位于行首的相关词句，也被进一步抬高一字，以示最高敬意。

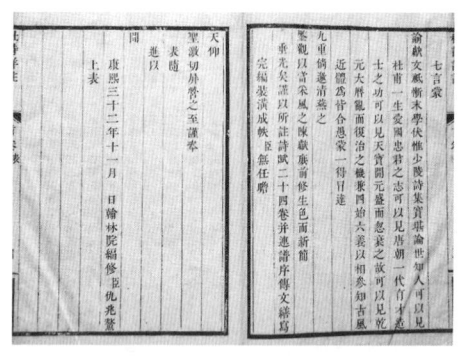

图2.8 复旦大学所藏《杜诗详注》初刻本

仇兆鳌如此恭敬地递呈《杜诗详注》，对生活在清朝的人而言，并非异事。在他递呈《杜诗详注》的康熙三十二年，清朝已经建立了半个世纪，全国范围内持续的反清活动已基本平息。例如，康熙十八年（1679年）开始实行博学鸿词科（皇帝要求各地官员推荐优秀士人参加考试），之前态度坚决的明朝遗民大多在该考试选拔中得到安抚并获得官职。同时，三藩之乱也在康熙二十年（1681年）被全部平定。可以说，当时清朝的稳定局面已基本确立。

而且，并非所有的宁波人都坚守明朝的遗民身份。在清朝建立后举行的第一次进士考试中，宁波已有人通过，此后每次考试宁波均涌现出多名进士及第者，这表明顺应新时代的宁波人一直存在。

实际上，仇兆鳌也是参加进士科考试的考生中的一员。科举的进士科并非轻而易举就能通过，许多人需要经过长时间的努力才能成功。仇兆鳌也不例外，他在经过多次考试后终于在48岁时如愿考中。

在此之前，老师黄宗羲并没有放手支持他。他甚至写了如下这首诗，试图劝其放弃考试：

积叶窗前日日深，
读书好自傍岩阴。
百科已竭时文力，
千载惟留当下心。

这首诗写于康熙十年九月九日，黄宗羲赠予34岁科举落第的仇兆鳌放弃在清朝出仕为官的念头，专心从事当地的学术研究。

七年后，黄宗羲还受仇兆鳌之托，为其父亲写下了《仇公路先生八十寿序》，其中也留下了与上述诗意相似的言论。以研究杜甫闻名的吉川幸次郎读后发表了如下感想："读完不禁苦笑。仇兆鳌擅长'八股文'，是一位科举的应试高手，在指导应试技巧方面也是首屈一指。尽管如此，黄宗羲依然希望其能在这之上努力学习真正的学问。黄宗羲之子黄百家在仇兆鳌的模范答案文集《仇沧柱时义稿》的序文中，也提出类似观点。从《杜诗详注》中确实能感受到科举应试者的独有气息。"[1]

尽管黄宗羲曾尝试通过诗句委婉建议仇兆鳌放弃出仕，但并未做进一步强制干预。也许是遵从老师的忠告，仇兆鳌改变了"应试高手"的态度（或者说正是由于改变了态度），他终于在康熙二十四年进士及第。

就仇兆鳌与黄宗羲的关系而言，还有一个重要事件。在仇兆鳌将

---

1 吉川幸次郎『吉川幸次郎全集：決定版』第25卷　筑摩書房、一九八六年．

《杜诗详注》递呈给康熙帝的同年，黄宗羲刊行了《明儒学案》，仇兆鳌为之撰写序文，其中称黄宗羲为"吾师梨洲先生"，并署名"受业仇兆鳌"，公开表明自己隶属黄宗羲门下。他不仅将《杜诗详注》递呈给皇帝，又作为门生为老师的著作撰写序文，两件事发生在同一年，确实颇为有趣。这可以视为仇兆鳌内心对皇帝的忠诚和对老师的尊敬并不矛盾的证据。

此外，在仇兆鳌与和其持不同对清态度的友人万斯同之间，能找到与上述师生关系类似的情况。万斯同与仇兆鳌同年出生，均是在宁波长大的朋友。万斯同的父亲万泰，与黄宗羲共同参与反清运动，二人交往深厚，万斯同17岁起就拜黄宗羲为师。万氏是坚决抵抗清朝的一族，万斯同也在康熙十八年（1679年）受博学鸿词科所邀，但他拒绝了。次年，43岁的万斯同代替年迈（71岁）的黄宗羲加入《明史》编纂工作，但拒绝了所提供的官职和俸禄（翰林院纂修官，七品俸禄），并且不顾自己尚有幼子的家庭，全身心投入修史工作。

仇兆鳌和万斯同两人，不仅是师从黄宗羲的同窗友人，而且此后也一直保持交往。从康熙三十年（1691年）开始，仇兆鳌也参与了《明史》修订工作，与当时已成为《明史》编纂核心人物的万斯同接触更为频繁。实际上，两人还曾就杜甫的诗注展开讨论，《杜诗详注》中也明确记载了"友人万斯同"几字（卷二《送高三十五书记十五韵》诗）。

黄宗羲和万斯同均坚守自己的立场，黄宗羲不曾入仕清朝。与之相对，仇兆鳌却选择为清朝皇帝效力，恭恭敬敬地递呈了《杜诗详注》。尽管如此，他仍然心系黄宗羲和万斯同，而后二者也没有断绝与仇兆鳌的关系。仇兆鳌就生活在这样一个复杂多变、非同寻常的时代，其《杜诗详注》也展现了生活于那个时代人们的意识形态，时而显露,时而潜藏。

六、潜在意识"论世知人"

(一)何为"论世知人"?

阅读《杜诗详注》时,会注意到书中反复出现的这个词——"论世知人"(即论世以知人)。"论世知人"也称"知人论世",是孟子提出的重要儒家术语,自古以来被认为是一种关于如何读诗的著名论调。可能仇兆鳌将"论世知人"始终牢记在心,这也促成其与黄宗羲等人的联系。

仇兆鳌在《杜诗详注》序文中,就提到了"论世知人"。

——孟子之论诗曰:"颂其诗,读其书,不知其人,可乎?是以论其世也。"诗有关于世运,非作诗之实乎?

——孔子之论诗曰:"温柔敦厚,诗之教也。"又曰:"可以兴观群怨,迩事父而远事君。"诗有关于性情伦纪,非作诗之本乎?

——故宋人之论诗者,推杜为诗史,谓得其诗可以论世知人也。

若对这里的"论世知人"进行更为精准的解析,则"关于世运"对应"论世","关于性情伦纪"对应"知人"。这种对应,在文中其他地方(《杜诗详注》中的《进书表》)有更为详细的表述。

伏惟少陵诗集,实堪论世知人,可以见杜甫一生爱国忠君之志,可以见唐朝一代育才造士之功,可以见天宝、开元盛而忽衰之故,可以见乾元、大历乱而复治之机。

从中我们可知"爱国忠君之志"和"育才造士之功"对应"知人",而"盛而忽衰"和"乱而复治"则对应"论世"。

(二)杜甫的"爱国忠君之志"

如前所述,仇兆鳌在杜甫身上看到了"爱国忠君之志"。的确,杜甫热爱国家、忠于君主,忠于国家是他作为名门后代所应承担的责任,他一直愚直地笃信。这种责任感在其长安的漂泊生涯中起着重要作用,化为追求官职的崇高目标始终支撑着他。当安史之乱使国家陷入崩溃危机时,他因自己的无能为力致使焦虑不断加深。他被皇帝任命为左拾遗(对皇帝的疏忽进谏忠言的官职)时,更激发了自己的使命感,毫不隐瞒地向皇帝进谏忠言。然而,最终他的忠言导致与皇帝的疏远,杜甫的"爱国忠臣之志"总是显得有些笨拙,常常事与愿违,得不到回报。尽管如此,他也没有改变自己的生活方式,这点深得后世人们的敬仰和喜爱。

特别是在王朝交替期等动荡不堪的混乱时代,杜甫尤其受到众人追捧,包括南宋辛弃疾、陆游、金朝元好问等这些著名文人。他们的共通之处是均有浓厚的爱国情怀,都在痛惜国土的失去。他们将杜甫视为精神支柱,将自己与杜甫的"爱国忠臣之志"重叠在一起,由此审视内心,进行自我肯定。

在被黄宗羲称为"天崩地解"(《留别海昌同学序》)的明清王朝交替期,也存在着类似文人,仇兆鳌就是其中之一。他将自身融入杜甫诗作,探究杜甫所处的时代,试图了解杜甫。换句话说,他在进行"论世知人"。因此,《杜诗详注》中有许多关于杜甫所处唐代的历史考证,这种历史考证的数量之多,足以令其黄宗羲弟子的身份更为光彩夺目。

（三）笔名中蕴含的"论世知人"

"论世知人"出自《孟子》的文章论。对读书人而言，这是一个众所周知的观点。然而如何能活用这点，那就另当别论。仇兆鳌仿佛为时刻保持警醒，选择将"论世知人"作为自己的笔名。

他以"尚友"为号，将自己记录的年谱命名为"尚友堂年谱"。这个"尚友"正是出自《孟子》的《万章篇》中的典故，与"论世知人"一起贯穿整个《孟子》文章脉络：

> 一乡之善士，斯友一乡之善士；一国之善士，斯友一国之善士；天下之善士，斯友天下之善士。以友天下之善士为未足，又尚论古之人。颂其诗，读其书，不知其人可乎？是以论其世也。是尚友也。

换言之，"论世知人"即选择贤者为友，孟子将其总结为"尚友"。从中我们可以看出仇兆鳌在《杜诗详注》中反复强调"论世知人"的理由。"论世知人"等同于"尚友"，而这个"尚友"恰好是仇兆鳌的自号。

七、潜在意念的可能性

（一）不随波逐流的精神

在此，我们重新探讨这部饱含"论世知人"观点的《杜诗详注》为何被上呈给清朝康熙帝的意图所在。首先，最根本的，杜甫的诗集足以匹配"论世知人"，可以定位其饱含爱国忠君之志、育才造士之功、天宝开元盛衰之故、乾元大历治乱之机。然而，进一步阅读《杜诗详注》的正文，就能发现仇兆鳌并未将"论世知人"仅限于唐代，还将其扩展至三国等更早的历史时期。

> 少陵题先主武侯诗,特具论世知人之识,从古诗家所仅见者。
>
> (卷十五《古柏行》)

从引用来看,仇兆鳌所使用的"论世知人",已扩展至广泛的整体历史时期。对进呈对象康熙帝而言,"论世知人"不仅指天宝、大历时期的唐朝盛衰,也不仅只涉及玄宗、代宗等唐朝皇帝,而是涵盖所有王朝的盛衰以及历代皇帝。由于仇兆鳌在评判皇帝的表述中使用了"论世知人",这可能会使其在康熙帝眼里格外瞩目。例如在《忆昔二首》(卷十三)中,他在注明"此伤肃宗之失德"的基础上,又云:

> 古今极盛之世,不能数见……明皇当丰亨豫大时,忽盈虚消息之理,致开元变为天宝,流祸两朝,而乱犹未已。此章于理乱兴亡之故,反覆痛陈,盖亟望代宗拨乱反治,复见开元之盛焉。

并由此结语。这段注释与其在《进书表》中所述"可以见天宝、开元盛而忽衰之故"构成相呼应的按语(对有关文章、词句所做的说明、提示或考证)。正因为如此直接的对应,便更容易引发联想,吸引康熙帝的注意。

正是在这个意义上,具有显著"论世知人"意识的《杜诗详注》中呈现出的并非仅仅是迎合皇帝的观点,其中潜藏着浙东文化氛围所养育的黄宗羲弟子仇兆鳌式的批判精神。

（二）《孟子》，意念之所在

在前人所著的杜诗注本中，仇兆鳌最为敬重的是王嗣奭（1566年—1648年）的《杜臆》。在《杜诗详注》的《凡例·历代注杜》中，仇兆鳌称赞道："其最有发明者，莫如王嗣奭之《杜臆》。"实际上，他在自己的著作中引用了《杜臆》达1075处。而王嗣奭正是仇兆鳌所敬重的故乡前辈，一直坚守着明朝遗民立场。王嗣奭在80高龄时完成了《杜臆》，在序文中解释了书名的由来：

> 草成而命名曰臆，臆者，意也。"以意逆志"，孟子读诗法也。诵其诗，论其世，而逆以意，向来积疑，多所披豁，前人谬迷，多所驳正。

上述序文中，明确提到了《杜臆》中的"臆"即"意"，是由孟子的读诗法"以意逆志"引申而来。《孟子》的《万章篇》原文如下：

> 说诗者，不以文害辞，不以辞害志。以意逆志，是为得之。

从王嗣奭的序文中可以看出，他将"逆志"和"论世"这两个概念并列提及，这说明明末清初时期"以意逆志"和"论世知人"在理论上相互融合，成为当时之人共同的愿望。对于仇兆鳌来说也是如此，两者与前文所提及的仇兆鳌的自号"尚友"也有密切关联。

"以意逆志""论世知人""尚友"，反复阅读这些互相关联的词语时，就会发现它们均出自《万章篇》。有趣的是，聚集了这些词的《万章篇》，是以如下表述结尾：

王色定，然后请问异姓之卿，曰："君有过则谏，反复之而不听，则去。"

这段文字一直颇有争议，例如北宋著名文人司马光曾对此进行严厉谴责（见《疑孟》）。可见《孟子》中也有如此激进甚至可以说颇具革命性的思想。

（三）谁为"尚友"？

仇兆鳌成长于反清的这片土地，其周边多有反清文人。尽管如此，他依然毫不犹豫地向清朝皇帝进呈《杜诗详注》，这或许是因为其中暗含着孟子所强调的"反复之而不听，则去"这一理念。正因有这样的觉悟，仇兆鳌才能在复杂的时代环境中找到心理上的平衡。

考虑到这种潜在的可能性，那么当时的仇兆鳌想向康熙帝表达什么呢？首先可以明确的是，他想通过杜甫的诗集来展示"论世知人"。其次，与显而易见的"论世知人"直接相关的就是"尚友"。

当然，"尚友"即"尚择友人"，在《杜诗详注》中无疑指的就是"杜甫"。那么仇兆鳌把杜甫当作怎样的朋友呢？

《万章篇》对"友"进行了如下定义：

万章问曰："敢问友。"孟子曰："不挟长，不挟贵，不挟兄弟而友。友也者，友其德也，不可以有挟也。"

"友"即品德高尚之人。因此，仇兆鳌尊崇杜甫，即尊崇杜甫之德。正因为杜甫是一位人格高尚、颇具德行的诗人，所以仇兆鳌大胆献上自己积累已久的《杜诗详注》，希望通过此举强调杜甫在人格德行上的价值，从而表明自己的决心："反复之而不听，则去。"

八、结语

康熙帝虽被认为是史上少有的明君，但他大兴"文字狱"，肃清批评文书的作者，彻底镇压了文人对清朝的批判。仇兆鳌对此应该很清楚，因此他格外斟酌措辞，以免自己陷入危险境地。

在进呈《杜诗详注》之后，仇兆鳌逐渐受到重用。其官位此前一直停留在庶吉士、散馆授编修，随后一步步升迁为侍讲学士、内阁学士、礼部侍郎，最终被任命为翰林学士。这个官职代表着皇帝对他文章和经学的认可，可见康熙帝认为仇兆鳌是值得信赖的忠臣。如果考虑到上述"不听，则去"的可能性，可以说康熙帝是倾听并接纳了仇兆鳌的建议。

《杜诗详注》正是为了符合"论世知人"的要求而创作的。这里的"论世知人"即"尚友"，而"尚友"指的就是仇兆鳌自己。换言之，撰写《杜诗详注》这一行为也是仇兆鳌在诉说其自身的行为。他将杜甫推崇为有德之友，通过逐字逐句追溯其作品，完善自己的人格，使自己也能成为有德之人。

明末清初的宁波是一个动荡不安的地区，而仇兆鳌身为读书人却不为险恶的局势所动摇。《杜诗详注》即由这样的文人所写，也是一部记录其高尚精神的作品。

（佐藤浩一）

专　栏　江户文化与朱舜水

图2.9　朱舜水（立原杏所绘，茨城县立历史馆藏）

朱舜水（1600年—1682年，见图2.9），浙江余姚人，余姚市（隶属于宁波市的县级市）建有朱舜水纪念馆。舜水这个号也是以家乡的河名自称。为了明朝复兴，朱舜水曾努力以宁波附近的舟山为据点进行海外奔走，但最终失败，此后移居日本，日本宽文五年（1665年）受水户藩主德川光圀（国）（1628年—1700年）所聘。光圀本打算聘朱舜水为教官建设学校，但由于种种原因而未果。尽管如此，朱舜水向彰考馆员及水户藩士教授孔子及其弟子的祭祀礼仪，创作了《改定释奠仪注》等，在儒教礼仪的传授方面发挥了重要作用。根据彰考馆编《朱氏舜水谈绮》[三卷四册，日本宝永五年（1708年）刊，以下简称《谈绮》]，可以大致了解朱舜水所传授的知识和信息。《谈绮》涉及从各种书信格式到葬礼仪式的手册、服饰、祭器、建筑物等的规格，以及教授彰考馆馆员唐音（中文）词汇等，内容丰富多样，从中能切实感受到朱舜水确为"实学家"。

谈到朱舜水与江户文化的关系，则必须提到汤岛圣堂（日本东京都文京区一个著名的历史建筑）。

宽永九年（1632年），林罗山在尾张藩主德川义直的援助下，在忍冈的宅地内建起先圣殿（孔子庙），此为圣堂的起源。只是当时圣堂的形状不明，彰考馆总裁中村篁溪从林鹅峰处得知，据说采用了中国类书《三才图会》中所载"黄帝合宫图"的形制（见静嘉堂文库藏

《中村杂记》、京都大学文学部藏《大日本史编纂记录》所收安积澹泊·酒泉竹轩宛中村篁溪书案）。元禄四年（1691年）幕府在汤岛昌平坂所建的新圣堂也是以此为基础。据《昌平志》所收《大成殿图》记录，此圣堂的正面屋檐上还有"黄帝合宫图"中未记载的弯曲的山形建筑"唐破风"。与其名称相反，"唐破风"是日本特有的结构，这显然与原本建筑风格不符。

宽文十年（1670年），光圀以朱舜水编写的《学宫图说》为依据，命令木工制作了一座三十分之一圣堂建筑大小的木制模型。《谈绮》中卷所载的规格和绘图正是基于当时的记录。据《中村杂记》所载，圣堂占地三尺四方，光圀将其放置在客厅，款待好学的大名时也向老中们进行展示。此番场景就像孩子炫耀最珍贵的玩具一般，不禁让人会心一笑。光圀去世后，模型被收藏在驹笼（现在的文京区弥生）的水户藩邸。

刊行《谈绮》是光圀的遗愿，在编辑过程中，各方对于朱舜水所指导的大成殿等建筑的规格和绘图出现了意见分歧。朱舜水弟子安积澹泊和酒泉竹轩认为这些信息与实际的汤岛圣堂规格出入较大，这难免会暴露幕府的建筑缺陷，因此建议删除这些内容。与之相对，中村篁溪提出了颇具见地的不同意见。幕府明知水户藩有舜水指导的模型，但在新建圣堂时却没有参考它，这虽然着实令人遗憾，但至少需要保留这幅绘图（见图2.10），以后若有慧眼之士出现，

图2.10　大成殿图

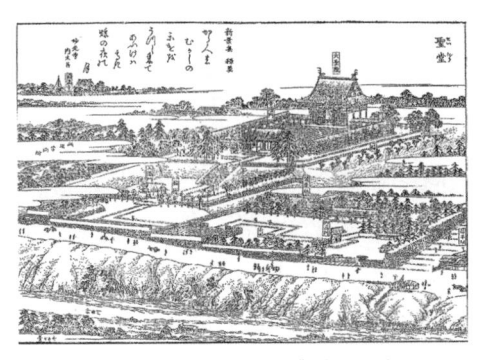

图2.11 《江户名所图会》中的圣堂

也能够实现光圀公力图传播正确知识的遗愿。

篁溪的预期得到了验证。宽政十一年（1799年），作为松平定信宽政改革中的一环，汤岛圣堂得以重建，采用了朱舜水指导的模型。江户天保七年（1836年）刊行的《江户名所图会》卷五《圣堂》中附有插图（见图2.11），记载了该建筑是日本第一所学校，春秋两季会举行盛大释奠。并于宽政时期重建，规模相较之前扩大了一倍。可以说它确实成了江户的崭新名胜。尽管圣堂在关东大地震中被烧毁后重建，但朱舜水的实学使江户的儒教文化传承至今，这层意义相当重大。

（仓员正江）

第三章
地点与文物交织的记忆与记录

第一节　石刻的处方

在中国古代，朝廷对于医疗领域的干预程度如何？朝廷在医疗救助、医疗教育和医学生产等领域的介入在宋元时代达到了巅峰，但并不仅仅通过个别的公共措施，如发生瘟疫时提供药物等措施来实现。宋元王朝在潜在层面上还着手建立更为实质性、持久性的制度，一方面，中央创设了校正医书局（医书的编辑机构），太医局（医疗机构）的规模得以扩大。另一方面，各州医学博士职位和地方医学学校得以恢复，形成了由药局、和剂局、诊疗所和医户构成的全新体系。

尽管现有文献展现出这样一个完备的国家机构，但我们必须深入探究在当时这一机构实际上达到何种程度，以及是以何种方式建立而成。很多时候，政策的实施并没有留下明确的历史记录，只有少量未实施的记载。例如，早在唐贞观三年（629年），就有在州级设立医学校的提议，但开元十一年（723年），唐玄宗指出"远路僻州"中医疗设施的缺失，并下令在各州设立医学博士职位。宋仁宗在庆历四年（1044年）设立州级医学校，但即便在宋元时代地方志这类记载非常详细的行政记录中，也找不到元以前医学校存在的证据。尽管如此，我们仍然可以找到些许数量有限的证据来证明这些制度的存在。例如，有显示宋朝政府药局位置的地方志地图，也有刻着药方的石柱等史料。

在中国的城市中，宁波是留存有关医疗领域记载的地方志及其他史料相对较多的地区。这些记载虽然不是有关日常工作的详细记录，却也展现出医疗领域的公共活动。本节将介绍在宁波进行的医疗实践，以及用于风俗教化方面的医疗碑文的使用。其中尤为关注受宋神宗提拔、进行北宋王朝改革变法的王安石（1021年—1086年），在担任鄞县知县时，将医疗处方笺刻于石头上并放置在衙门外供人阅览的这个案例。以下首先聚焦王安石在皇祐元年（1049年）实施的"设立药方碑文"等系列政策。

一、医书的制作和分发

医书（收集药物处方的书籍）的撰写和分发，是当时最早兴起的医疗治理改革中的一项，迄今却一直未受到足够关注。尽管唐代已有先例，但这些措施在北宋时期才得到广泛推广。宋太宗下令编纂了全面性的处方书籍（《太平圣惠方》，共100卷），并在淳化三年（992年）将其用版木刻印，分发至各州。此外，他还仿效唐玄宗先例，在各地设立医学博士职位，以确保官员及普通民众均能获得该印本。

宋仁宗则下令编纂并出版了古典医书的标准文本，并被应用于朝廷的医学校教育和考试。为此，国子监（教育行政管理机构）在天圣五年（1027年）出版了医学方面的两本古典书籍和疾病分类书籍《诸病源候论》。所有这些书籍均由翰林医官院进行编辑和校勘。同年，翰林医官院的医师王维一编写了一本医书，附在用穴位展示针灸治疗的两具等身大青铜像上。该青铜像旨在辅助医学生训练和审查针灸疗法，对不同穴位进行图解，为针灸疗法提供统一标准。

嘉祐二年（1057年），宋仁宗在门下省编修院下设立校正医书局，该机构的主要职责是编辑和校勘与重要医疗相关的古典书籍，在这里被编辑过的书籍很可能会被认定为"正典"。新成立的校正医书局在京朝官的监督下，组织文官和医官协力完成编辑工作。这项计划在熙宁二年（1069年）完成，但经过编辑、校勘后的医书直至绍圣三年（1096年）才出版。其后50年间，太医局专门为太医局附属的医学校教育及考试制作、出版了医书，其中包括儿童治疗的相关内容以及由九章组成的《太医局诸科程文》等。《太医局方》《太平惠民和剂局方》等政府编纂的医书，主要用于指导公共医疗救济，相关医疗机构也随之扩建，特别是熙宁九年（1076年）设立的太医局与和剂局，其规模于宋徽宗在位的崇宁二年（1103年）至宣和二年（1120年）间不断扩大。

元代的地方医学和医户制度，由于国家的参与，有效促进了官方版医书的流通。延祐七年（1320年）的《延祐四明志》中记载了宁波庆元路医学校所拥有的医书，其中包括《圣济总录》一部、《八十一难经》一卷，以及《脉经》全帙。

二、医书与中国南方习俗之变

除设立医学校、开设药局、普及正规医学知识外，宋朝早期就开始面向各类读者有目的地分发医书，其中一个主要目的是改变民众，特别是中国南方民众的风俗习惯。教化（即通过变革实现教育）作为统治的一种方案，自古就被儒家所提倡。儒家传统观念认为，如果统治者注重自己的道德修养，遵守传统习俗，教化就会自然而然地实现。在宋代，教化通常与士大夫教育的相关政策被一起讨论。这是因为士大夫能利用自己地方精英或官员的身份，发挥楷模和指导作用，从而实现教化。

分发医书这一措施，是地方改革中更直接的一种方式，具有前所未有的强度、渗透性及创新性。改革的对象包括婚葬风俗，但在实际执行方面，范围扩大至对病人的隔离、遗弃，以及巫术。公共政策方面，改革的措施包括药物的分发，派遣官员强制人们服用药物并确认其效果，对巫医一律进行逮捕和处罚，破坏巫医祠堂及仪式，对"有名"的巫医盖印并处以流放或强制其进行医疗救助等。这些政策基本由地方官员在各自分散的管辖区域中推动。天圣元年（1023年），即宋仁宗在位的第一年（刘太后摄政时期），皇帝颁布圣旨，要求中国南方全面禁止巫医治疗，并对相关刑罚进行明确化。

医书的分发究竟如何对地域产生影响并改变当地习俗，这点并不明确。例如，早在开宝七年（974年）的一道圣旨中，皇帝曾命人在海南岛琼州地区分发某种处方笺和本草书，但具体细节不详。在进呈给皇帝的上奏中，曾记载该地区普遍缺乏医学知识，生病的人们通常只求助于大神的咒语。此外，还有更早一例。开宝四年（971年），在现在被称为广西的邕州地区，官员不满当地风俗，曾上奏称患病之人不愿接受医学治疗，而是大量宰杀鸟、猪，向神灵寻求救赎。知州禁止了这些行为，并亲自分发药物，除进行治疗外，还将药方刻在石头上，立于官府大厅的墙面，以教化当地民众。

宋代早期就存在官员为实现上述目的而编纂新医书的案例。著名官员陈尧叟（961年—1017年）曾亲自开处方以供百姓使用，这是出于其对岭南人民的关怀，也是对百姓弃医而寻神佑之事的关注。为教化民众，陈尧叟命人在桂州驿一处石柱上刻下《集验方》。天禧二年（1018年），奉皇帝之命，国子监将其出版为《陈尧叟集验方》，并在全国范围内分发。

自992年后，各州必须保存由宋太宗下令编纂的百科全书式药方《太平圣惠方》，并设立医学博士职位，以确保将药方应用于民众的疾病治疗。景德三年（1006年），宋真宗批准从国库中支出五万钱，用于广南全域的药物和医书分发。据宋代曾敏行撰写的《独醒杂志》记载，这也是为抵制该地崇敬恶灵、支持巫医的不良风俗。

然而，政策的制定和执行之间总会存在一些偏差。庆历六年（1046年）末，时任福建福州知州的蔡襄（1012年—1067年）就《太平圣惠方》表达了自己的不满。究其缘由，是因为太宗颁布分发令后，相关药物和医书由州衙负责管理，但他们仅是严密保存和晾晒医书，这对于官员和民众而言并没有实际作用。他试图执行太宗的意愿，对抗地方优先选择巫医治疗的风俗，促进医学知识的普及。然而，除地方官员的懒散外，医书本身也缺少实用性。因此，蔡襄与当地医生通力合作，简化了《太平圣惠方》。有关食用铁、岩石和植物以求不死之法，以及珍奇难求的药方内容均被删除。蔡襄筛选了便于普通民众使用的药方，留下的方剂数量减少至6096条。据蔡襄的记录，其将药方的数量减少至约原来的四成，并撰写记录到版木上，陈列在衙门左右。如此一来，皇帝无尽的恩惠便能渗透到百姓中，也能使那些单向巫医求助之人回归正轨。

福建出生的蔡襄致力于改革当地的不良风俗，其中包括盛大的佛教葬礼、蛊毒等。蛊是一种由巫术产生的可怕疾病，人们认为患者一旦感染，"魔物"（毒虫）就会聚集至患者的内脏，将其吞噬殆尽。

宋仁宗审阅福建的刑事案件奏折时（无疑该报告由蔡襄进呈），注意到许多案件与蛊毒害人相关。仁宗采纳了蔡襄认为可利用医书抵制不良风俗的想法，下令收集消灭蛊毒的药方，编纂了名为"庆历善救方"的医书，其中着重参考了福州医生林士元的药方，于庆历八年（1048年）二月下令推广该书。

这些医书的普及和颁行对地方有何影响呢？在《庆历善救方》颁布令下发约一年半后，夔州云安军长官王端向皇帝进呈汇报了蛊毒在四川和陕西地区流行一事,称每十人中约有八九人死亡。对医书则称赞为恩惠甚大("其惠甚大"),但并未说明具体事宜。他指出《庆历善救方》中记载的药物在该地区根本无法获得,并请求拨款以购买药物。这说明至少在该地区,在大规模的系列政策实施前,"恩惠"的含义与其说是对应实际结果,不如说是对(皇帝)关心的回应,更像是礼节性的答复。

三、王安石与《庆历善救方》

宋仁宗下令分发医书整十年后的嘉祐三年(1058年),《庆历善救方》一书得以在福州县级区域范围内传播及推广,被刻印并摆放在各地的衙门前供人参阅。而在鄞县地区,《庆历善救方》相较其他地方,更迅速地以官方、具体的形式出现在民众面前。

在宋仁宗拨款购药治疗蛊毒几个月后的皇祐元年二月,鄞县知县王安石便效仿蔡襄,将《庆历善救方》刻在石头上,在当地衙门外进行公开展示。可以猜测王安石也许是在处理蛊中毒的相关报告或诉讼事件,但其在《庆历善救方》的序文中实际并未提及蛊。

康定元年(1040年),朝廷发布通告,禁止南方的路级行政区划民众制造骚乱或使用有毒的蛊术。然而,两浙地区在这点上却不必担心。事实上,王安石对鄞县附近的慈溪县民众风俗颇为赞赏,因为那里保持着统一而纯粹的习俗("其俗一而不杂"),因此管理起来相对容易,而且他对通过教育实现变革的长期计划抱有乐观的展望。蔡襄对于故乡福建的风俗了如指掌,并且积极致力于改革,而与之相对,王安石似乎并未投入太多精力至鄞县的事务中。

尽管如此,考虑到后来王安石在新政中强调国家对地方社会的渗透,他在这个问题上行动的迅速性和彻底性,也就不足为奇。此外,也有学者关注王安石与蔡襄之间的亲密关系,因为王安石是受蔡襄和欧阳修(1007年—1072年)的举荐而得以入仕。也有学者认为,王安石如此尽心地推动医书的普及,可能是为推广蔡襄的政策,抑或是如同其在序中所述,为满足仁宗的虚荣心,或为推动其自身仕途上的政治发展。王安石在序文开头,将《庆历善救方》誉为孟子的治国良方:

> 孟子曰:"先王有不忍人之心,斯有不忍人之政。"臣某伏读《善救方》而窃叹曰:此可谓不忍人之政矣!夫君者,制命者也。推命而致之民者,臣也。君臣皆不失职,而天下受其治。方今之时,可谓有君矣。生养之德,通乎四海,至于蛮夷荒忽,不救之病,皆思有以救而存之。而臣等虽贱,实受命治民,不推陛下之恩泽而致之民,则恐得罪于天下而无所辞诛。谨以刻石,树之县门外左,令观赴者自得而不求有司云。

正如我们所期待的那样,王安石为实干派提供了模范的样本。君主作为统治者不能仅坐于"南面",须下达命令,由臣子传达给民众,治愈文明未及之地民众的疾病。

四、结语

虽然《庆历善救方》现已无存,但上述事例至少证明它曾公示于鄞县。在此,我们必须继续深入探讨,如何接受没有史料佐证的文本。该书是否被记录过?如果是,那么由谁记录?是能读会写的医生,还是医学博士?他们又如何使用它?他们能否获得书中列出的药物?该书是否被分发到其他地方?是否曾被抄录并出售?这些石碑本身又经历了怎样的命运？在王安石设立石碑后不久，该书便从历史记录中消失了。不仅如此，与福建的记录相比，在当时的浙江鄞县，蛊毒并没有那么广为人知。王安石自己也没有将治疗蛊毒视为需要特别关注的地方性事务。实际上，可能并未有人提出过有关蛊毒治疗的请求。石碑的存在可能暗示着在当地存在与蛊毒同样有害的其他东西，对此也许当地人更愿意选择去掩盖或者遗忘。

关于宋代医书分发的总体情况，以及王安石将医书刻石公示的行为是否为个例，笔者仍需继续考察。这不仅因为它能让更多人了解并使用这些医学知识，而且还对当地的不良风俗进行了改革。考虑到地方风俗和情况的多样性，这种极端中央集权的做法可能存在问题。从王端的四川报告中可知，在当地调配福州的药方相当困难。另一方面，在那个时代像王安石这样励精图治的官员可能远超历史记载的数量。我们之所以知道医书在1049年被刻于石碑上并公示于鄞县，无疑是因为王安石的名声。王安石后来因变法遭到保守派的强烈反对，但他的许多著作仍然保存在其文集和地方志中。

通过分发医书改革地方不良风俗的政策在北宋之后似乎并未延续。并且，特别下令篆刻于石碑上或广泛分发的医书也已不复存在。然而，在宋元时期由政府分发给药店和医学校使用的医书却似乎得以广泛传播。《太平惠民和剂局方》在元朝末期非常受人推崇，这让认为这些治疗方法太过肤浅的朱震亨颇为烦恼，从而促进其去开发研究更适合个人、更为对症的治疗方法。

艾媞婕（TJ Hinrichs）

专　栏　东钱湖墓葬群与史氏

东钱湖位于宁波市东南方向约十三公里处，湖周围星罗棋布地散落着史氏一族的数量众多的墓地。在东钱湖墓葬群中，已经确认的史氏墓迹有50余处。在建成于2001年的南宋石刻公园中，可以看到南宋宰相史浩（1106年—1194年）的堂弟史渐（1124年—1195年）的墓和史浩儿子、宰相史弥远的墓。进入公园后，沿着通往墓地的墓道，从下往上立有神道坊、石笋、石鼓、石羊（石虎）、石马、武将、文臣等石像。

史氏一族以"一门三宰相、四世两封王、五尚书、七十二进士"著称，意指该家族出了三位宰相，四代有两人封王，五人担任尚书，七十二人考中进士，是南宋时期最显赫的名门望族。

史氏与宁波的渊源始于北宋末期，为躲避与金国的战争，史氏一族的始迁祖（最早移居的祖先）史成从溧阳县（今江苏省溧阳市）迁至鄞县。南宋时期，史家人赴任时驻扎临安，在宁波月湖附近建造府邸，在东钱湖附近建有墓地、墓庄（守护墓地的住宅）、墓田（维护墓地的土地）、家庙（供奉墓主和祖先神像的建筑）和坟寺（菩提寺）。与北宋时朝士大夫依托都城开封构建全国性婚姻"网络"不同，南宋时期士大夫更强调与故乡的关联，致力于地方文化的发展，形成以当地士大夫为中心的婚姻"网络"。在史氏一族与宁波的关系中，可以发现这种南宋士大夫的典型形象。

对于史氏在南宋社会留下的足迹方面，黄宽重在《政治、地域与家族——宋元时期四明氏族之衰退》[1]中指出，史氏的三位宰相，史

---

1 黄宽重.政治、地域与家族——宋元时期四明氏族之衰退[J].新史学20.2，2009.

浩、史弥远（1164年—1233年）和史嵩之（1189—1257年）的时代存在很大不同，南宋社会在嘉定年间（1208年—1224年）发生了划时代的变化。基于黄宽重的研究成果，笔者首先简单介绍下三位史家人的事迹和宁波社会的历史。

史浩，字直翁，绍兴十四年（1144年）进士，历高宗、孝宗和光宗三朝，隆兴元年（1163年）和淳熙五年（1178年）曾两度拜相。史浩深谋远虑，为南宋的兴盛竭尽全力，此外还曾举荐朱熹、吕祖谦、张栻等理学思想家。在对金政策上，他认为南宋实力尚不足，故主张重视防御，主张求和。然而，由于在这个问题上与孝宗意见相左，后辞任宰相。另外，他推举了江浙地区的许多官员，并与同乡汪大猷、楼钥、沈焕、袁燮等人致力于创设乡曲义田（共同出资设地，以乡里贫苦民众为主要救济对象），对宁波的发展作出了巨大贡献。

如果说在史浩的阶段是宁波士大夫齐心协力，为振兴宁波携手共同努力的时期，那么在史弥远和史嵩之的时代，围绕对金和对元问题，宁波士大夫内部以及史氏家族内部均产生了不少分歧。

史弥远，史浩之子。1206年，时任宰相韩侂胄撕毁与金和约，但在与金开战后惨败。史弥远就此与求和派合作，杀了韩侂胄这位主战派宰相，并用其首级向金朝议和。此后，在宁宗和理宗时期，他担任宰相长达约25年时间，因求和、拥立理宗、冤杀济王案等问题在朝廷内外广受争议。

史嵩之，史弥远之侄。史弥远逝后，史嵩之于1234年"端平入洛"之役后担任宰相，推动南宋与蒙古间的和解。然而，其在为亡父守孝后却一直无法重返中央政坛，在家蛰居13年后去世。

如上所述，在对金和对元问题上，朝廷内外也存在严重分歧。至少在宁波，袁家、高家这些名门望族均反对求和；而在史家内部，史弥远和史嵩之一直坚持走求和路线，但也有一些反对史弥远、史嵩之的人，如史弥巩、史弥坚、史弥忠、史弥应等。

最终，随着蒙古民族统一中国，江南地区也被元朝统治，史氏一族逐渐走向衰落。曾在南宋时期辉煌一时的史氏，如今只能在东钱湖墓葬群中略微窥探到他们的一些足迹。

（平田茂树）

第二节　墓地的记忆与墓葬文化

一、墓碑上的"话语"

"不求风水好，但望子孙贤（并不奢求风水好的墓地，唯祈愿子孙贤明圣德）"，在夏草丛生的山路旁，笔者发现了刻有上述两句话的墓碑（见图3.1）。这是2006年，笔者为探寻南宋高官史弥坚（1164年—1232年）之墓，在宁波郊外东钱湖附近漫步时所见。

图3.1　东钱湖畔的墓地

所谓墓葬文化，兴起于中国古代，后传播至东亚及东南亚一带。即在建造城市、村落、住宅和陵墓时，要注意选址条件，判断建筑物的样态是吉是凶，以及判断其周边景观（特别是地形）、方位、尺寸等。笔者环顾四周，沿着通往史弥坚墓的漫长山路，在草丛中发现了许多20世纪90年代末至21世纪初建造的崭新墓地。在很多墓碑上都能找到类似的话语，诸如将"但望子孙贤"的"望"换成"愿"之类。

在中国人的世界观中，墓地被视为生者居住地的延续，因此人们不仅会将字数和韵律成对的吉语（即对联）或直接镌刻，或写在红纸上贴于自家门口，甚至连祖先居住的墓地，也倾向于用两句左右对称的话语来装饰。不仅如此，还会像在自家房屋门口挂匾额那般，在墓碑的上部也写上各种好看的文字。古希腊、古罗马的墓碑铭内容是死者生前写好的向路人讲述自己的生前事迹或生死观，中国人的墓地也相当"言物"，那么如"不求风水好，但望子孙贤"这类模糊不明的墓碑铭，到底想告诉我们什么呢？本节将依据在宁波郊外这一地点，更准确地说，是在通往南宋高官墓地的山路上出现的这一话语，来探寻其答案。

二、南宋望族"史氏"与宁波郊外的东钱湖墓葬群

在东钱湖墓地下长眠的其中一人，名为史弥坚，曾历任知临安府（国都临安的知事）、知潭州兼湖南安抚使（兼任潭州知事和湖南安抚使）等要职，是南宋政治史上的一颗璀璨之星。其父史浩、双胞胎兄弟史弥远、其侄史嵩之均位至宰相，权倾朝野。他们均出自南宋时期屈指可数的名门望族——鄞县的史氏一族，该族的权臣高官如繁星般代代涌现。史浩叔父史才，是北宋末期史家的第一位进士，此后史氏的盛衰轨迹与南宋兴亡基本相一致，以"一门三宰相、四世两封王、五尚书、七十二进士"著称（参照本章专栏"东钱湖墓葬群与史氏"）。史浩与史弥远二人，不仅官拜宰相，死后更被追封为王。甚至还有更

为夸张的说法——"满朝文武,半出史家"[1]。

在南宋建立的约150年间,经确认出自史氏的进士有26人,这一数字在其他家族中也并非完全不能匹敌[2]。虽说有相当固定的应试技巧和些许"旁门左道",但如果不能通过颇有难度的被称为科举的国家性考试,即便出身名门也无法进入官场,更不用奢望成为宰相或知事类的高官(宰相、知事均是官职),光是史氏如此这般惊人的中举率就足以令人赞叹艳羡,更何况连续三代官拜宰相,这一罕见成就令史氏成为当之无愧的豪门世家,远超其他家族。史氏出生的男子,大概均尝试走如下路线:长大后科举及第,在离故乡宁波不远的都城临安等地入仕就官,本宅建在故乡,等功成身退之时,就在故乡郊区的东钱湖畔建造逝后长眠之处[3],这是史家男子从小接受的精英教育线路,并为之努力奋斗。但实际上,他们中也有不少人连第一关卡科举考试都无法通过,因此与其说这是确定安排好的路线,倒不如称之为他们所热情期待的路线。父母对于子女的期待,确实伴有相当程度的现实意味。

宁波市中心向东南方向十几公里处,坐落着浙江省最大的淡水湖东钱湖,湖东侧连绵的群山上,南北向广泛分布着史氏族人之墓。这50余处墓葬遗迹被统称为"东钱湖墓葬群",这里既有活跃于官场之人的墓地,也有普通人之墓。其中墓地最集中的区域,位于湖东面

---

1 謝国旗(土居智典訳)「東銭湖石刻文化の特色について」『東アジア海域交流史現地調査研究——地域・環境・心性』三、にんぷろ現地調査研究部門事務局、二〇〇九年;蔡罕(岡元司解題・訳・写真)宋代四明史氏墓葬遺跡について.井上徹、遠藤隆俊編『宋—明宗族の研究』汲古書院、二〇〇五年.

2 岡元司「宋代明州の史氏一族と東銭湖墓群」東アジア美術文化交流研究会編『寧波の美術と海域交流』中国書店、二〇〇九年.

3 謝国旗(土居智典訳)「東銭湖石刻文化の特色について」『東アジア海域交流史現地調査研究——地域・環境・心性』三、にんぷろ現地調査研究部門事務局、二〇〇九年.

的吉祥安乐山麓，以史浩及其父史师仲之墓为中心，共发现八处墓地[1]。石刻雕工精美丰富，是东钱湖墓葬群的造型特色，2001年墓群以"东钱湖石刻群"之名被国务院列入"全国重点文物保护单位"。根据全方位考古调查，这些石刻的规模、数量及精致程度，与南宋皇陵相比也毫不逊色。墓道上排列着文臣、武将、立马、蹲虎、跪羊石像，还有石刻的牌楼、墓表、桥梁、享亭，以及石笋、石椅等陵墓辅助品，依照规范配制[2]。虽然并非所有的墓地均能保留如此完备的石刻，但早已落成的南宋石刻公园以史浩堂弟、史嵩之祖父史渐之墓为中心，汇集墓葬群中现存的部分石刻及其复制品，供游客参观（见图3.2、图3.3）。

图3.2 守卫史弥坚墓地的武将石像　　图3.3 可供参观的史渐之墓

三、东钱湖墓葬群特征

有研究者指出，除彰显尊贵者伟岸姿容的各类石刻外，构成东钱湖墓葬群的史氏族人之墓，具有非常绝佳的墓葬条件，在考察墓葬

1　岡元司「宋代明州の史氏一族と東銭湖墓群」東アジア美術文化交流研究会編『寧波の美術と海域交流』中国書店、二〇〇九年；蔡罕（岡元司解題・訳・写真）宋代四明史氏墓葬遺跡について．井上徹、遠藤隆俊編『宋─明宗族の研究』汲古書院、二〇〇五年．

2　謝国旗（土居智典訳）『東銭湖石刻文化の特色について『東アジア海域交流史現地調査研究──地域・環境・心性』三、にんぷろ現地調査研究部門事務局、二〇〇九年．

群的形成时，这点也非常重要。

例如以史师仲、史浩父子为中心的墓地密集区域（见图3.4），其地形为"安乐山，东南西三面环山，仅北侧开口，呈袋状盆地。同时，两条金溪将此山一分为二，形成两侧的山岙（笔者注：山中的平坦处）。有学者更为简洁地归纳为"位于最佳位置谷地正面的史师仲、史浩之墓"。占据南宋石刻公园一角的史渐之墓，也被认为"位于上水村黄梅山南坡，墓道呈南北向，墓室背山朝南，东西两侧被山包围，形状恰似太师椅的椅背。墓前平地曾有上水溪流经，视野开阔"。[1]

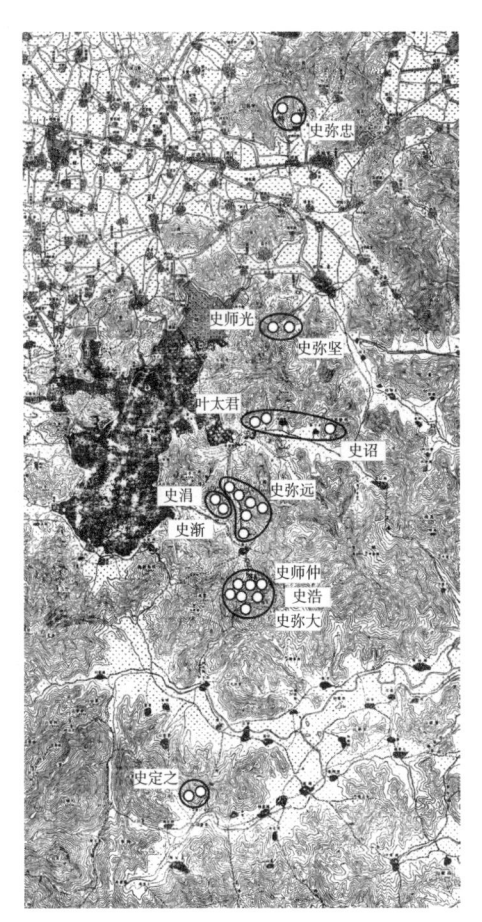

图3.4 史氏一族东钱湖墓群位置

由此可见，史氏族人在建造墓地时考虑了诸多因素，背后也蕴含着宋朝"士大夫""士人"等儒教知识分子的心理特征。

---

1 冈元司「宋代明州の史氏一族と東錢湖墓群」東アジア美術文化交流研究会编『寧波の美術と海域交流』中国书店、二〇〇九年；蔡罕（冈元司解题・訳・写真）宋代四明史氏墓葬遺跡について.井上徹、遠藤隆俊编『宋—明宗族の研究』汲古書院、二〇〇五年。

有学者指出，这个时代的士大夫都喜欢占卜运势，特别是官运[1]。毋庸置疑，当时几乎所有的文人均希望能科举及第，进入官场，并在任职后平步青云。科举考试是进入官场的一道卡口，原则上官僚地位不能被世袭。任何一个家族，如果不能代代辈出科举及第者，进而踏入官场，就只能坐等士大夫家族没落的一天。相反，如果家族能成功将科举及第者源源不断地送入朝廷，则该家族的社会地位会显著提高。

就墓葬文化而言，居住在"吉"的阳宅，就能使居住者全员受益；如果将父系祖先埋葬在"吉"的阴宅，则其子孙后代也均能受益。既然都要花金钱与时间去寻找条件好的土地、建造条件好的住宅，那么建造能使子孙后代沐浴风水恩惠的祖先墓地，无疑是"性价比"更高的方案。基于上述理由，封建社会儒家知识分子特别热衷于改善祖先墓地的条件，从而使族人中能不断涌现出科举及第者，以此规避家族的没落，并进一步提升地位。（话虽如此，但给予各子孙的利益，根据墓地的具体条件未必人人平等，这也会带来家族内部不和的副作用。）

不难想象，努力让世代子孙突破科举、事实上（合法地）世袭官僚这一不能世袭的地位，使自身延续名门望族头把交椅的史氏，并非没有对这一阶层流动的不安与野心。然而，他们在东钱湖畔的群山中建造历代族人之墓、选定墓地的确切史料，笔者至今尚未找到。在当地传存至今的史氏族谱（汇集一族系谱及人物传记等内容的书籍）《鄞东史氏家乘》对各族人的相关记录中，不仅记载了埋葬之地，甚至连墓地朝向方位都有明确记载。与其说这是枯燥乏味的"为了记录而记

---

[1] 竺沙雅章『宋元仏教文化史研究』汲古書院、二〇〇〇年.

录", 更有可能是将其视作"应该记录的数据"中的一项。族谱, 与其说是关于一族过去的客观报告, 倒不如将其当作子孙后代对过去的解释与主张的历史叙述。[1]

而且, 古时在选择上好的墓地时, 一般都非常细致且严格。但在缺乏某项应具备的地形要素条件时, 仅通过一些象征性的措施, 例如种植一棵树, 就能弥补缺陷。此外, 被视为理想的一系列条件本身随时代、地域、流派的不同而不同, 极端情况下, 选择的标准也不尽相同。因此, 当代研究者可以凭借自身的墓葬知识, 从大局上去检验地形的好坏, 若将此视作研究过程中的灵感, 则非常有意义。[2]

四、史氏繁荣的记录与墓葬文化的记忆

这里需要明确区分两项内容, 一是史氏族人相信好的墓葬的功效与本族源源不断涌出科举及第者、从而成功维持名门望族之间的因果关系, 二是后世的宁波人相信史氏繁荣的主要原因是东钱湖墓葬群的条件。就"后世的宁波民众均相信史氏繁荣就是源于墓葬条件"这点而言, 一定程度上一直"真实"存在。

丁传靖的《宋人轶事汇编》中收录了《醒世集》一节:

> 史弥远欲占阿育王寺作坟, 众僧莫敢阻。一小僧曰: "我止之。"作偈教儿童遍歌之。偈曰: "寺前一块地, 常有天子气。丞相要作坟, 不知何主意。"史意乃息。

阿育王寺至今仍是宁波的名刹, 鉴真（688年—763年）屡次东

---

1 瀬川昌久『族譜——華南漢族の宗族・風水・移住』風響社、一九九六年.
2 笔者认为蔡罕与冈元司在各自论考中所发挥的作用很有意义。

渡日本时，曾在此短暂停留。所谓"天子气"，指沐浴此气者能成天子（皇帝）之意。从龙脉涌出地表的"气"也分多种，它们会给人带来不同的命运。如果在"常有天子气"的土地上建造祖先之墓，被葬者的子孙中将出现天子，皇位也会传至该子孙后代的手中。

在这则轶事中，与其说将史弥远描绘成得知梦寐以求的土地上充满了天子气，为避免被人怀疑自己有不臣之心，遂决定放弃这块土地的忠君之士或胆小之人，倒不如说将其描写为希望自己的家族最终获得帝位，不惜舍弃阿育王寺，企图在充满天子气的土地上建造自家墓地的野心家。这则轶事何时开始萌芽，是否发源自宁波，笔者已经无法考证，但史氏一族作为非比寻常的名门望族，一直被后人铭记于心。他们也作为对墓地选定倾注超乎寻常热情的家族这一形象，被鲜明地记载于册。选择地位及权势最为突出的史弥远作为背负史氏这种形象轶事的主人公，也是理所当然（"宰相殿的王者"更符合主人公的身份）。史氏一族不断涌现的科举及第者的人数，虽说在人们的谈论中不自觉地被扩大，但基本是在历史事实的记录中得到证实。与之相对，史氏族人曾试图侵占阿育王寺的记录等，未必一定有所依据。也许反而是扎根于后世人心中的墓葬文化理念，成为创造这种记忆的原动力。

人们的脑海中一旦形成"史氏为了使能科举及第的子孙延绵不绝，一直致力于修建上佳的墓地"这种记忆后，就会直接产生"他们能够实现世代繁荣的主要原因是族人重视墓葬"的观点，还会"创造"出"他们长眠的东钱湖墓葬群，具有绝佳的墓地条件"这一记忆。在宁波郊外，有很多古人墓地在当代一些人心中留下了"华丽"的记忆：它们曾发挥了"神奇"功效，将子孙后代源源不断地送入官场。只要将自己的祖先葬在这些有名的古墓旁，那么就能和他们具有同样的条件，能沐浴同样多的"气"。笔者推测，现在部分的宁波人也是基于上述想法，才在通往史氏族人之墓的路上，星星点点地排列起崭新的墓碑。

说得极端一点，挖开原来的古墓，取出遗骨，将其改建成自家墓地，这是获得风水上"黄金地段"的最有效方法。但中国人对盗墓一事在思想上深恶痛绝，且此行为也会有牢狱之灾，所以退而求其次，为了能跟着沾光，于是在山脚下（离墓穴稍远之处）建造起自家之墓。顺带补充一点，明朝后期徐善继、徐善述兄弟所著的《地理人子须知》中曾严厉苛责拆除他人之墓、埋葬自家祖先这一行为，称其违背天理，实不道德。

作为经济发展和"青山白化"均很显著的区域，浙江省温州地区出现了浙江省政府、温州市政府制定的防止墓地破坏政策（被称为"青山绿化"）与当地居民墓地伪装现象的拉锯战[1]。同处浙江省的宁波，市政府的态度似乎也并无差异。2003年施行的《宁波市殡葬管理条例》，一方面加强了对公共墓地的开发与管理，另一方面禁止在指定保护区域内的安葬。关于墓地的退葬还林政策，宁波也和温州地区一样，使用了"青山白化"这个词[2]。从实际条例来看，第十七条"公墓、公益性墓地应当按照节约土地、保护山林、美化环境的原则建设，实现规范化、园林化"，第二十三条"禁坟区内沿铁路、公路（高速公路、国道、省道）、通航河道两侧、海塘、水库及河流堤坝附近，耕地、林地、水源保护区、文物保护区、风景名胜区、开发区、住宅区、自然保护区内已建的坟墓"，按原则应逐步迁移。

1　渡邊欣雄『風水の社会人類学——中国とその周辺比較』風響社、二〇〇一年.
2　李广志中国「における葬送儀礼——寧波地域を例として」．東アジア地域間交流研究会編『から船往来——日本を育てたひと・ふね・まち・こころ』中国書店、二〇〇九年.

五、为后世宁波人真正之"贤"

把祖先葬在史氏族人之墓旁边的人们（以及葬在那里的祖先们），是否最终实现了"子孙贤"，这点笔者无法断定。20世纪90年代后闯入东钱湖墓葬群的数量众多的墓碑，在《宁波市殡葬管理条例》实施后的2006年，依然没有被迁移，可以说人们的"对策"取得了初步成功，"青山白化"问题并没有从根本上得到解决。制止持续不断的山林破坏，是中国环境保护政策的紧迫课题。在这个认真进行古迹保护和管理的国家，对于文物保护区中如同"害群之马"般的新墓，政府一定能找到符合时代发展的环境政策及古迹政策，与居民的有关信仰和谐统一。政府与居民双方共同探索出一种能长久共存的系统，从而真正解决"青山白化"问题，令长眠于地下的各家历代祖先对"子孙之贤"报以由衷的掌声。

（水口拓寿）

第三节 支撑文化的经济

一、15世纪东亚的经济变动

（一）宁波与东亚

自唐（618年—907年）宋（960年—1279年）以来，宁波作为浙东地区的中心城市，也是联结内外贸易的重要港口城市，经济十分发达。然而，宁波的发展历程并不顺利，通过研究南宋以后市场数量的变化，大概能够了解宁波平原地区的经济动向。[1]

南宋宝庆三年（1227年）前后，宁波市区（即明代的宁波府城区）周边广阔的腹地存在25个市场（这一数字不包括宁波市区，下同），说明此时宁波地区的经济已经达到相当成熟的水平。然而，在宝庆三年至明朝天顺六年（1462年）前后的近两个半世纪的时间里，这片地区只新增了两个市场，加之原有市场的消失，该时期市场数的净增长仅为一个。由于南宋末期至元代（13世纪中叶至14世纪中叶）期间资料的缺失，故不清楚该时期市场数量的变化动向；但明朝建立后的14世纪后半叶至15世纪中叶，市场数量的维稳趋势，表明当时宁波地区经济发展的停滞不前。

然而，在1462年至1560年的约一个世纪的时间里，这片地区新增了七个市场。由此可以判断，15世纪后半叶至16世纪中叶是宁波地区的经济复苏期。这个时期，宁波涌现了一批知名藏书家，如"万卷楼"的丰坊和"天一阁"的范钦，同时在邻近的余姚地区，王阳明创立了阳明学派，表明宁波地区在学术和思想方面出现了新动向，而经济的复苏似乎与宁波地区文化活动新局面的展开密切相关。此后，在嘉靖三十九年至雍正八年（1730年）左右的约一个半世纪的时间里，宁波腹地的市场数量增加了50多个，可见自前朝以来的经济发展进一步加速。

值得注意的是，宁波的经济发展趋势与同时代的东亚经济轨迹几乎一致。宋元时期（10世纪至14世纪前半叶），中国的东亚海域（环东海区域）出现了"海商"，这是与朝鲜、日本等地的经济交流蓬勃发展的阶段。宁波作为联结中国和朝鲜、日本的海港迅速崛起，也

---

[1] 斯波義信『宋代江南経済史の研究』訂正版、汲古書院、二〇〇一年.

是在这个时期。随着海上贸易的欣欣向荣,东亚各地的市场经济迅速发展,这种势头在元朝征服欧亚大陆的14世纪前半叶达到一个高峰。自14世纪后半叶开始,不仅是中国各地,连朝鲜和日本的流通经济也一度陷入停滞,但从15世纪后半叶开始,东亚各地区又开始出现显著的经济增长势头(具体情况将在后文阐述)。

以上动向表明,宋朝以来宁波地区的经济情况与东亚历史动向密切相关。因此,下文将从宁波视角出发,追溯15世纪东亚的经济动向,以期更清晰地了解各地区间的经济关联。那么,东亚经济为何会在14世纪后半叶至15世纪前半期陷入停滞,又为何从15世纪后半期开始摆脱低迷呢?

(二)从停滞到复苏

在明代中国的经济史上,就年号而言,即成化、弘治年间(1465年—1505年)被明朝人认为是一个重要转折点。其中的典型案例,是15世纪末王锜撰写了一篇回顾明初以来苏州发展历程的著名文章(《寓圃杂记》卷五《吴中近年之盛》)。其大致内容如下:

> 吴中素号繁华,自张氏之据,天兵所临,虽不被屠戮,人民迁徙实三都、戍远方者相继,至营籍亦隶教坊。邑里萧然,生计鲜薄,过者增感。正统、天顺间,余尝入城,咸谓稍复其旧,然犹未盛也。迨成化间,余恒三四年一入,则见其迥若异境,以至于今,愈益繁盛,闾阎辐辏,万瓦甃鳞,城隅濠股,亭馆布列,略无隙地……凡上供锦绮、文具、花果、珍羞奇异之物,岁有所增。

在14世纪后半期王朝更替的动乱及明初苏州市民被强制迁移至

首都南京等因素的影响下，苏州变得十分萧条，即使在15世纪中叶的正统、天顺年间，也未能恢复往日的繁华。从占据中国经济核心区域的江南地区的中心城市苏州的经济发展状况可以看出，从明朝建立到15世纪中叶，其城市经济一直处于停滞状态。

之所以出现这种经济状况，不仅仅是因为元明交替期的动荡，与明初实施的海禁政策也有极大关联。禁止民间前往海外和进行国际贸易，将海外交易集中于朝贡贸易一元化的海禁政策，使中国对外贸易的活动规模大幅缩小，这给以往从海外贸易中获益的沿海地区带来了巨大的经济打击。尤其是江南地区曾在海外贸易的繁荣中受益颇多，宋元时期的商业活动蓬勃发展，豪绅们积极捐资，讴歌当地的经济繁荣，兴建了许多寺庙。然而，在明朝前半叶，许多寺庙逐渐消失。此外，明朝初期的一百年间，江南地区的出版活动也陷入低迷，书籍出版相较宋元时期大幅减少，曾是出版中心的杭州都很难有书籍出版。宗教和文化类的活动需要有经济支撑才能兴盛，这类活动的萧条，从另一个侧面说明当时明代初期的流通经济处于"倒退"的状态。

然而，这种情况在15世纪后半叶发生了转变。如引文所述，在成化年间，苏州城的活力逐年恢复，且在该世纪末被世人评价为"繁盛"，同一时期经济复苏的城市也不仅局限于苏州。在江南地区的农村，许多被称为"镇市"的城市化聚落也迅速复兴。而位于北方的首都北京，城市人口在成化年间也开始显著增加。至15世纪末，北京的景象则可用"生齿益繁，物货益满"（《鲍翁家藏集》卷四十五）来描述。在15世纪六七十年代前后，上至首都北京，下至江南小市镇，南北沿海地区的城市经济均出现了增长。在如此这般繁荣的经济中，新安商人（来自安徽省南部）、山西商人和洞庭商人（来自苏州附近）等一批有影响力的商业势力开始崭露头角，积蓄巨大财富的大商人阶层也在不断壮大。

此外，与15世纪后半叶中国经济动向密切相关的，还有下节将探讨的奢靡之风高涨的现象。奢侈消费的活跃带来高级丝织物消费的扩大，促使以苏州、杭州、湖州为中心的江南地区相关产业蓬勃发展。除丝绸制品等高级服饰外，从15世纪中叶开始，作为大众消费品的棉布产业也在松江、太仓等地迅速发展。在全国各地均有市场的江南棉织品和丝绸产业的繁荣，不仅为当地农民经济交易带来了更多的机会，还推动了江南农村的商业化进程。

除丝绸和棉花外，奢靡之风的高涨还使得珠宝饰品和进口香料的需求迅速增加，在宴会以及婚丧嫁娶等活动上的享乐式消费规模不断扩大，这种消费规模的扩大无疑促进了流通经济的活跃。奢靡之风的蔓延意味着以城市居民为中心的广大阶层消费需求的高涨，由此创造出多样化的商品需求，进而促进各种商品生产和流通规模的扩大。

（三）明代经济复兴的背景

那么，是什么因素在15世纪后半叶带动了中国经济的复苏呢？值得注意的是永乐十九年（1421年）政府从南京迁都北京后，南北物流体制的确立。自迁都以来，出于在财政上支持京城朝廷的需要，明政府通过大运河（为用船只运送物资而开凿的联结南北方的人工水道），将南方物资运至京城，以确保物流体制的完善。为了降低长距离运输的成本，实现高效的财物中央调配，明政府采用了运费低但价值高的财物（尤其是白银）来取代米谷等实物运输，并且推行用银来代替粮食、布匹等实物税的相关政策。

自15世纪中期开始，明朝国家财政的运作开始以白银为媒介，民间也开始广泛使用白银作为货币，这对于北京的影响尤为直接。通过向文武官员、京城士兵支付俸禄以及政府采购物资等方式，投放至北京的白银数量也在增加。大量白银的流入意味着购买力的增强，这成为促进市场扩大的重要契机。其结果就是，在15世纪70年代前后，北京的经济开始出现繁盛。受到北京市场扩张的刺激，大运河沿线的诸多城市（苏州、南京、扬州、临清等）不断向京城输送公共物资和私人商品，商品流通更为活跃，经济活力迅速提升。

此外，将目光从中国国内经济的发展转向对外，也可以看出新的发展趋势。自正统年间（1436年—1449年）起，由于迁都导致的财政支出膨胀、和北方游牧势力的冲突升级带来军事开支的急剧增加、朝贡使节的大规模化导致接待费用过高等原因，明政府出现财政困难，不得不限制外国朝贡使节的数量，减少朝贡贸易规模。各国的贡期被限制为三年一次，而且作为回赐礼物的金额也相应减少。因此，渴望扩大与明朝贸易的瓦剌部落与明朝之间产生了冲突，发生了正统十四年（1449年）的"土木之变"，瓦剌部落的军队击溃了50万明朝军队，并俘虏了明英帝。这次事变后，北京的中央政府不得不重建遭到摧毁的首都防御和物资补给体制，在财政运作上更依赖白银，各领域白银产生的财政支出显著增加。这推动了北京市场的扩大，进而促进了北京经济的活跃。

然而，虽然朝贡贸易受限，但中国与外部世界的联系并没有中断。在15世纪七八十年代前后，随着明朝的经济复苏，南海的走私贸易得以发展，这既满足了明朝对南方物资的需求，也满足了东南亚地区对于唐物（中国商品）的需求。南海走私贸易的活跃使南方物资流入增加，进一步刺激了正在复苏的明朝产业和消费市场，扩大了商品流通，加速了城市化进程。

总之，可以说在上述各种因素的共同作用下，15世纪后半叶的中国经济开始复苏，而且与外部世界的交流日渐频繁。

（四）朝鲜王朝的经济动向

创立于14世纪末的朝鲜王朝，禁止民间对明朝通商，因此在15世纪上半叶朝鲜王朝与中国的贸易规模非常有限。此外，新王朝基于"务本抑末"（振兴农业、抑制商业）的儒学理念，为阻止在边境地区从事走私贸易和破坏农业基础的商人数量的增加，引入无许可证禁止经商的行政制度，推行商业统治政策。随着与曾经带动高丽时期商业市场活跃的中国之间贸易规模的缩小，15世纪上半叶至中期，朝鲜半岛的商品流通出现停滞，曾有文献记载："虽京师有市，然各道州郡皆无市"[《朝鲜王朝实录》世宗十五年（1433年）正月壬申]，由此可见地方的流通经济陷入低迷。

朝鲜的经济状况直至15世纪后半期的成宗时期才开始发生变化，最具代表性的是汉城（今首尔）奢侈消费的扩大，随之而来的是朝鲜对中国商品消费需求的急剧增加，从而促进了对华贸易的升温。此外，燕山君时期白银的出现，使对华贸易进入了新阶段。换言之，随着15世纪后半叶对于中国商品需求的增加，朝鲜扩大与明朝贸易规模的欲望也随之增强。因此，同时代中国高需求的白银也引起朝鲜半岛的关注，东北部端川的银矿发展迅速。最终，朝鲜白银被广泛用于与中国商品交易的结算，明朝与朝鲜间的贸易规模迅速扩大。尽管政府多次发布禁令，但朝鲜半岛的唐物消费规模仍然达到了前所未有的水平。朝鲜白银的登场和唐物贸易规模急剧扩大的现象，正是明朝白银需求量的高涨与朝鲜的唐物需求增加这两者间相互作用的结果。

这个时期还有一个值得关注的现象，就是汉城市场的迅速扩张。受到汉城活跃商品流通的影响，朝鲜成宗三年（1472年），汉城对原本空间狭窄的商业区域进行了扩张。进入16世纪初,除了公定的商业区域外,还有许多未在政府账册(市籍)登记、被称为"小市"的非法市场,散布在汉城各个地方。汉城市场扩大的原因主要有以下两点。

第一,财政因素(税收方式的改变)。即防纳(代缴贡品)的盛行和军役的纳布化(通过缴纳布来免除兵役)。占据王朝财政收入过半的贡纳,指的是各地将土产作为贡品上缴的税目。从朝鲜王朝成立之初开始,贡纳方式原则上是现物直纳(即缴纳实物作为贡品)。然而,由于某些物品在地方上无法生产,实物的上缴配额及直接缴纳均会遇到困难,这使得承包商逐渐介入。朝鲜世祖时期,尊重贡纳负担者意愿的代缴制度得到公认后,防纳制度开始逐渐普及。防纳的承包商以等价方式收取布料、粮食等物品,然后前往遥远的市场采办贡物,并将其上缴。在这个过程中,主要的采购地点是商品品种丰富、各类缴税部门汇聚的汉城。因此防纳制度的普及也促进了汉城市场的扩张。

另外,由本该上京执勤的地方正兵(番上兵)向居住在汉城的人支付布料,请他们来代服兵役的做法,在15世纪后半叶开始活跃。这种做法在16世纪前半叶得到认可,随后只向中央上缴代役的纳布制成立。军役的纳布化,不仅使送纳的布料转化为汉城市场的购买力,增强了流通经济发展的活力,同时还创造出雇佣代理者的劳动力需求,吸引人口从地方流入汉城,促进了都城人口的增加(即消费市场的扩大)。贡物防纳及军役纳布制的实施,是以商品市场发展到一定程度为前提,而防纳和代理制度的推进也使汉城的商品流通更为活跃。

第二,外部因素。15世纪后半叶是朝鲜半岛南北对外贸易的扩张期。前文已经提及了对明交易，但在这个时期朝鲜与南邻日本的贸易也颇为繁盛。从15世纪60年代开始，日本兴起了以"对马宗氏"为首的"遣朝使"热潮，伪使（非官方正统的使者）派遣人数急剧增加，许多日本人前往朝鲜半岛南岸的三浦（荠浦、盐浦、釜山浦）开展各项贸易。在朝鲜与日本的贸易中，朝鲜提供棉布、棉纺织品，日本则以"倭铜"以及南海产的苏木、胡椒等"倭物"作为回报。从日本和明朝进口的商品大多在朝鲜半岛内消费，其主要享受者是居住在汉城的王族、官僚和商人们。对外贸易的活跃推动了奢侈品消费，也与汉城市场的扩张紧密相连。

此外，在15世纪上半叶处于经济停滞状态的地方，也在下半叶出现了被称为"场市""场门"的农村定期市场，由此可见商品流通的扩张。场市在15世纪70年代前后首次出现在朝鲜半岛南部的全罗道，至16世纪20年代已覆盖整个朝鲜半岛。场市的出现可以被视为地方商品流通扩张的象征性事件。过去，农业生产力的发展被认为是场市出现及其代表的商品流通扩张的主要原因。然而，从中国传入的奢侈品的传播中可以看出，与中国及日本对外贸易的活跃以及外国商品流入增加等，也是促进汉城奢侈品消费形成和商品市场扩张的重要因素。

结合上述因素可以认为，汉城的消费增长（即商品需求的增加）促进了中央与地方间商业交易的增加，刺激了各地经济活动，从而扩大了商品流通，这些方面均促进了朝鲜经济的大幅增长。在这个因果关系中，中央和地方的经济交流由京中"富商大贾"（即汉城的大商人阶层）主导，他们不仅在汉城，而且在各地展开了大量商业活动。这些富商大贾频繁往来于汉城和各地方间，作为促进双方商品流通的媒介，使地方的商品流通变得活跃起来。

另外，随着朝鲜半岛棉花和棉布产量的增加，在15世纪后半叶，棉布取代了传统的法定通货、纳税物品麻布，成为国币，从而发生了与布币的主配角更替。棉纺织业的兴起和成长，与上述中央和地方商品流通的增长步调一致，共同推动了15世纪朝鲜的发展。此外，朝鲜棉纺织业的兴起也对外部关系的走向产生了重大影响。朝鲜通过向日本出口棉布，使日本对棉花的需求迅速增加，朝鲜对日贸易呈现出繁荣景象。当然，朝日贸易的扩大也为朝鲜物产创造了新需求，进一步促进了朝鲜半岛的商品流通活动。

15世纪后半叶的朝鲜，出现了以汉城为中心的奢侈品（唐物、南方物资）、大众消费品（米、棉）的需求量及交易量的增加，以及中央和地方间商品流通的扩大等现象。随着城市经济（汉城市场）的发展，以棉布为代表的大众消费品市场的扩张也在同时进行，所呈现出的经济增长模式与同时期的中国非常相似，也是之前所没有的新兴经济动向。因此，奢靡之风的高涨、汉城市场的扩大、地方场市的兴起和普及、棉布生产及流通的快速增长，以及对明、对日贸易的活跃化等经济现象，在15世纪70年代前后密切相关，可将这些视为共时性现象。

与明朝的唐物贸易，以及与日本的"倭物"、东南亚物资贸易上的活跃，使得朝鲜（尤其是汉城）富裕阶层的生活更加奢靡化和消费化。中央与地方间贸易的扩张，刺激了各地的经济活动，同时增加了农民参与交易的机会，进一步促进了地方商业的活跃发展。当然，轮作耕种法的普及、耕地开发的推进等措施，使农业在15世纪也取得了显著进展。然而，不能认为仅凭农业生产力这一因素就能促使朝鲜经济在15世纪后半叶开始增长。与其说这种单向的因果关系在起作用，不如说是对外贸易的繁荣和对外国商品的需求扩大等因素相互刺激，促进了农业基础的形成与发展。明朝奢靡之风的传入、对明及对日贸易的活跃、中央和地方经济交流的启动等事件中所展现出的共时性，暗示了这些因素间存在着密切关联。在与外界的经济接触中，朝鲜经济也随之受到刺激并增长，汉城市场的扩大和场市出现等事件均发生在15世纪后半叶。

（五）日本应仁之乱前后的经济变动

不仅是明朝和朝鲜，同时代的日本列岛经济也经历了类似的变化。从表3.1中可以窥见关于当时列岛经济的一些数据，其中包括领主阶层颁布的市场法（为确保顺畅的商业交易并维护市场秩序而制定的法令）、社寺保护法（与市场法类似内容的规定法令）的发布动向。这些法令的发布变化趋势是：13世纪后半叶至14世纪前半叶增加、14世纪后半叶至15世纪前半叶停滞、15世纪后半叶至16世纪初期增加，以及16世纪中叶以后急剧增加。从中可以看出，14世纪后半叶至15世纪前半叶是市场法、社寺保护法的"空白期"。考虑到此前（13世纪后半叶）和此后（16世纪后半叶）均是商品流通的扩张期，这两种法令颁布数量的增加是为了整顿由商业交易的活跃而引发的各种争议，因此可以解释为这种类型的法令是商品流通活跃的产物（法令数量减少则表示商品流通减少），从而可以推断出14世纪后半叶到15世纪前半叶是商品流通的停滞期。

表3.1 社寺、市场法保护法的颁布数量

时期	件数	备考	时期	件数	备考
1250年—1275年	1（1）		1426年—1450年	0（0）	
1276年—1300年	3（3）		1451年—1475年	2（2）	
1301年—1325年	3（2）		1476年—1500年	4（1）	1469年2件、1510年和1514年各1件
1326年—1350年	1（1）	1353年和1371年	1501年—1525年	2（1）	
1351年—1375年	2（2）		1526年—1550年	8（4）	
1376年—1400年	0（0）		1551年—1575年	38（17）	
1401年—1425年	0（0）		1576年—1600年	52（34）	

注：括号内的数字为市场法的颁布件数[1]

此外，中世京都（从12世纪末到16世纪末处于日本中世时期的京都）的陶瓷器出土种类变化，也成为了解当时经济动向的宝贵资料。参考图3.5"中世京都陶瓷器出土种类的变迁"，可以看出在14世纪之前京都市每年均出土了一个种类以上的陶瓷。然而，14世纪后半叶至15世纪前半叶，出土的基本为同一种类的陶瓷器。一般认为应仁之乱（1467年—1477年）使京都被摧毁，但15世纪后半叶的陶瓷器出土种类急剧增加。由14世纪后半叶至15世纪前半叶陶瓷器出土种类的减少，可推测出当时京都物流减少，这与上文提及的市场法、社寺保护法的颁布动向相一致。这两种趋势

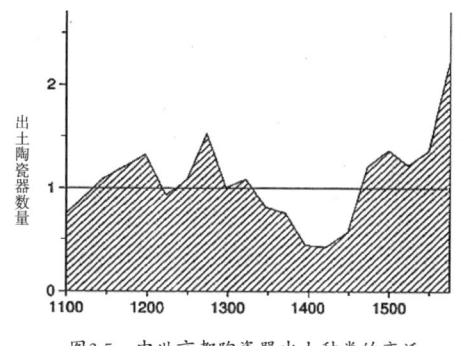

图3.5 中世京都陶瓷器出土种类的变迁

---

[1] 佐々木銀弥『日本中世の流通と対外関係』吉川弘文館、一九九四年．

的一致性表明，14世纪后半叶至15世纪前半叶的流通经济处于停滞状态。

然而，进入15世纪后半叶（15世纪70年代前后），流通经济突然活跃起来。市场法、社寺保护法的颁布动向摆脱了14世纪后半叶至15世纪前半叶的"空白期"，在15世纪后半叶转为增长趋势，这表明了当时商品流通的活跃。此外，参考中世京都陶瓷器的出土种类变化，可以看出15世纪后半叶陶瓷器出土种类呈现出急剧增加的趋势，表明15世纪后半叶至16世纪初期京都以陶瓷器为代表的商品流通的扩大。

除上文提及的两种趋势外，还可以找到一些能证明经济开始增长的迹象。例如，在15世纪后半叶，随着城下町、寺内町等地方城市的发展，城市居民的消费量开始爆炸性增长。与之相呼应，大量的唐丝（中国蚕丝）、青花（青花瓷）从中国流入日本，随后在备前、越前、濑户、美浓等地掀起了批量化生产的浪潮。列岛各地生产、流通和消费的激增，改变了原有以京都为中心的流通结构，引导着列岛经济形成所谓的"地域经济圈"。

（六）东亚经济的同步性

在列岛经济陷入停滞的14世纪后半叶，由于明朝实施海禁政策，日本与中国间的联系非常有限。此外，在15世纪前半叶，虽然中日间开始以琉球为媒介进行中转贸易和遣明船贸易，但日本与中国间的贸易规模依然很小。15世纪前半叶遣明贸易年均派遣船只约为一艘，琉球派遣船只对明朝进贡贸易的鼎盛期也仅达到年均三至四艘。相比宋元时期每年有40至50艘"倭船"与中国有交易往来（《敝帚藁略》卷一），可见即使将日本和琉球加起来，当时与中国的交易规模也是相当之小。因此，14世纪后半叶到15世纪前半叶这段时期的日本，前代盛行的"渡来钱"（中国铜钱）、中国陶瓷器等物品的流入也随之减少。为了弥补对明贸易上的低迷，日本也逐渐开始发展同朝鲜的贸易，但规模仍然较小。换言之，在列岛流通经济停滞期间，唐物等进口商品的流入也非常稀少。对外贸易的小规模性和商品流通的停滞这一共时性并非偶然巧合，与外部经济接触的频繁程度对列岛经济产生的影响，比预想得更为大。

就此而言，以应仁之乱前后为界的日本经济状况，表明了东亚区域内贸易对于列岛经济的重要性。15世纪末日朝贸易中的棉布创造出的巨大需求，将广大民众卷入交换经济之中。此外，这个时期流入的中国蚕丝和青花瓷的增加，也刺激了列岛内各产业的增长。日本与朝鲜以及（以琉球为媒介的）明朝间的交易变得更加活跃，日本经济开始逐步增长，因此可以认为对朝贸易及唐物流入的增加是促使列岛商品流通活跃的重要催化剂。

中国、朝鲜、日本等地出现的共时性现象背后是中朝、朝日、中日间的通商，使得这一时期的南海迎来空前的贸易通船盛况，针对中国、朝鲜、琉球等地区国际贸易的活跃，仅从特定地区的状况来解释跨地域国际贸易的繁荣非常困难。15世纪后半叶东亚经济的共同增长，除受诸如各地农业生产力发展、市场经济成熟等内部因素影响外，周边地区对外贸易的扩大也是重要原动力。因此，可以认为中世日本的经济增长与东亚各地的经济增长相互交织，故而上述现象出现在同一时期。

（大田由纪夫）

二、连锁的奢靡

（一）从奢靡现象看15世纪的东亚

自15世纪后半叶开始，东亚的许多地区出现了颇为有趣的类似现象，即奢靡之风的高涨。这主要集中在黄海、东海沿海地区城市，人们在衣食住行等方面竞相享乐，铺张浪费，开展了各类消费活动。

当时在各地产生的奢靡之风究竟是怎样一种面貌，它又是通过怎样的路径在东亚许多地区兴起？首先应该关注的是被视为该现象发源地的明朝政府（1368年—1644年）统治下的中国。由此，本部分首先介绍奢靡之风在中国的展开，再概述周边地区（朝鲜、日本）的情况。通过聚焦当时各地不同的现象，可深入考察这一被称为"奢靡的传播"的连锁现象。

（二）中国明朝的奢靡之风

15世纪后半叶，最早出现这种奢靡现象的是明朝首都北京。

> 近来京城内外，风俗尚侈，不拘贵贱，概用织金宝石服饰，僭拟无度，一切酒席，皆用筷盘糖缠等物，上下仿效，习以成风，民之穷困殆由于此。

（《明宪宗实录》卷八十六，成化六年十二月庚午）

上述引文中，记载了15世纪70年代前后北京民众脱离"不拘贵贱"的上下身份秩序、追求奢靡消费的相关情形，如由金线织成的华美服饰（"织金"）及昂贵的珠宝首饰等。此外，在北京这一冬季严寒的地区，从15世纪60年代开始，人们对高级皮草的需求陡然高涨，特别是东北地区所产的貂皮（见图3.6）异常受欢迎，价格颇高。此外，穿着从朝鲜传过来的"马尾裙"（用马尾织造的裤子）这种异国服装也在以官员为中心的阶层流行，奇装异服（"服妖"）风靡一时。

京城的享乐式消费范围此后不断扩大，伴随着时间的推移，京城民众的服饰、发型等方面的华美时尚，逐渐南下移至以中国经济中心地江南为首的沿海地区（董穀《碧里杂存》）。在16世纪初刊行的江南、松江地区（苏州东邻）的地方志中，曾记载了当地奢靡之风的变迁：

图3.6 貂皮耳挂

> 习俗奢靡见于旧志，大率指宋元时。入国朝来一变而为俭朴。天顺、景泰以前，男子窄袖短躬衫，裙幅甚狭，虽士人亦然。妇女平髻宽衫，制甚朴古。……成化来渐侈靡，近岁益甚。
>
> （正德《松江府志》卷四《风俗》）

松江地区的奢靡之风在宋元时期一度高涨，但明朝初期逐渐平息，至15世纪后半叶的成化年间再度兴起。

让我们将视角转向本书的主要舞台浙江宁波地区。根据史料记载，明朝初期的宁波风气简单淳朴，民众穿着朴素的服装，即便是富豪也不穿华美的锦服，在宴席及婚礼上也从不铺张，士人们甘于俭朴的生活，并不耻于朴素的装扮。然而至16世纪中叶，昔日的俭朴风俗逐渐消退，奢靡之风盛行，民众争相穿着华丽的衣服、佩戴珠宝首饰,开始对于朴素的服饰不屑一顾。宴席及婚礼也是极尽奢华,士人们对于在奢靡服饰方面花费巨额而影响温饱问题也毫不在意。在宁波府下诸县的相关风俗中,有"成化、弘治前以质素为旨"(慈溪县)、"弘治以后(旧风)渐变"(象山县)等记载。由此可见,宁波的奢靡化动向也始于15世纪末至16世纪初。

北京及江南等地区盛行的奢靡之风,是为向周边人炫耀自己的财力、品位、社会地位等优越性所进行的"炫耀式消费",其消费行为首先表现在服饰的奢靡上。

> 近年天下风俗奢侈,僭用加前百倍。臣访得苏、杭等州、江南繁华之地,不(恃)〔特〕富豪之家,甚至贱品市井之人,(属)〔屠〕沽闾阎之(章)〔辈〕,婚男嫁女及倡优歌妓,夏则纱罗,冬则缎匹,织金绣彩,花样服色,争尚奇巧,全无忌惮。
>
> (《皇明条法事类纂》卷二十二《军民之家服饰不许违禁例》,成化二十年)

此类奢靡之风的高涨,带来了高级丝织品(即"绫罗绸缎""纱罗锦缎")消费的扩大,使得以南京、苏州、杭州等为中心的江南地区的丝织品相关产业呈现出繁荣景象。江南出产的丝织品在整个中国都颇有人气,拥有广阔销路。通过交易,江南产的华丽丝织品传播至全国各地。

> 辽东旧有积蓄,近因南方商人多携罗段易米中盐,以致俗尚奢侈,滥费钱谷。
>
> (《明宪宗实录》卷二百六十二,成化二十一年二月壬申)

15世纪80年代的辽东（现今中国东北地区南部）商人，通过与南方商人的交易，使得江南的高级衣料流入本地，加速了当地的奢靡化风潮。由于需要购买南方商人所带来的奢侈品，民间储备的谷物也开始变得匮乏，奢靡之风似传染病一般蔓延至中国各个地区。

当然，15世纪后半期开始活跃的奢侈性消费，并不仅仅局限在服饰方面。因篇幅所限，在本书中没有涉及宴会中的精致饮食、精雕细琢的庭院、豪宅的建造，购买昂贵的古董、工艺品及室内陈设，游玩各地名胜的盛行等，民众在诸多方面均不惜倾尽所有，追求享乐式的消费。

自14世纪后半叶起，由于倭寇在沿海地区的猖獗（所谓前期倭寇），明朝将与海外的交流贸易限定在国家层面的使节往来，实施严禁民间民众出入的海禁政策。至15世纪前半期，来自东南亚的朝贡逐渐减少，从中国流入当地的陶瓷器变得极少（即 Ming Gap，"明朝空白期"），泰国及越南的瓷器作为中国陶瓷器的替代品，开始出现在东南亚市场上。但是，随着倭寇活动的结束，明朝海防也逐渐松懈，从15世纪七八十年代起，中国沿海地区的走私贸易活动（南海走私贸易）开始活跃。当时的走私贸易，以胡椒、沉香等香料（东南亚物资）与丝织品、陶瓷器为代表的唐物交易为主。

在明朝，胡椒作为药材及肉类料理的调味料，具有很高的需求量，沉香等香木作为香料被用于祭礼等各种重大场合。因此，舶来香料是当时富裕阶层日常生活中不可或缺的消费品。中国沿海各地奢靡之风的流行，扩大了对东南亚产香辛料的需求，与此同时，通过南海走私贸易，东南亚物资流入的增加也刺激和扩大了中国的享乐式消费。当时，宁波与广东、福建均是装载江南物产的南海走私贸易船只出港的主要地点之一（崔溥《漂海录》卷二）。

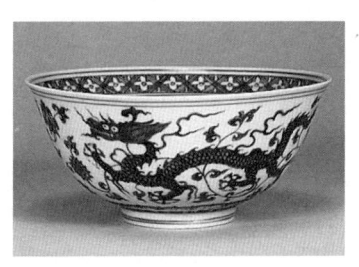

图3.7 青花瓷（弘治年制，大阪市立东洋陶器美术馆藏）

与上述享乐式消费的扩大、南海走私贸易的活跃相联动，"瓷都"江西景德镇从此时开始批量生产青花瓷（见图3.7），"中国田舍茶馆，皆用青花"（成倪《慵斋丛话》卷十）。伴随青花瓷普及至中国的各个角落，其也开始大量出口至海外。最终，通过与香料的交易，明代青花瓷如洪水般涌向东南亚各地，驱逐了原本在当地流通的泰国及越南产的瓷器，明初以来的"Ming Gap"也随之结束。

（三）朝鲜的奢靡之风与唐物贸易

让我们将视线转向与中国相邻的朝鲜半岛。首先必须提及的是，对15世纪朝鲜社会的消费动向产生巨大影响的李氏朝鲜王朝（1392年—1910年）的对外政策。在此前高丽王朝时代（918年—1392年），特别是13世纪后半叶至14世纪后半叶的高丽处于元朝附属期，通过陆路与中国的对外贸易事实上实现了自由化，从王侯贵族到民间商人，各色人等开展了元、高两国间的通商，朝鲜半岛的商业活动也开始变得活跃。因此，从中国流入的丝织品、金银珠宝等唐物使高丽社会的奢靡之风逐渐蔓延开。这种消费活动的高涨，可以看出是由于高丽对元贸易的扩大而使当时的经济状况呈现出一片繁荣。但是，至14世纪末事态发生了转变。受明朝强力推行封闭型对外政策（海禁及朝贡一元化政策）的影响，高丽末期恭让王三年（1391年），高丽朝廷提出了全面禁止对明私人贸易的方针。取代高丽而诞生的朝鲜王朝将这一方针贯彻得更为彻底，导致其与中国的贸易规模急速缩小。

如此才得以沉寂的朝鲜奢靡之风和享乐式消费，在15世纪后半叶的成宗时期以都城汉城为中心再度活跃。记载成宗初年样貌的史料（《朝鲜王朝实录》成宗六年七月甲子）中这样写道：

> （承政院草禁奢僭，传旨曰：）"我国土瘠民贫，而习俗奢僭，禁制条件，已具《大典》，且屡降从俭之教，犹不反朴归厚，竞尚异土之物，赴京者滥市，彩段器物，驮载输转，驿路凋弊。至于貂鼠皮，则虽曰土物，独产两界，今商贾辐辏牟利，守令镇将亦索取于民，甚者至与彼人交市，由兹两界为之骚然……"（臣下议：）"世宗朝，虽堂上官，服纱罗绫段者甚少，近来纱罗绫段衣服甚盛……"

由此可见，朝鲜的奢靡之风是以唐物（中国产的纱罗绫缎及青花瓷等）为核心的"异土之物"消费扩大的方式推进。此外，除了皇族、官僚及其家族等统治阶层，唐物当时在市井商人、民众间也被广泛接受，需求度颇高。

既然朝鲜的奢侈性消费以唐物为核心，那么此类消费的扩大必然带来对明贸易的活跃化。朝鲜与中国的通商，是通过派遣至明朝首都北京的"燕行使"及其随行者们（官员、翻译、随从等）将自身携带的货物（布货、金银等）与唐物进行交易（使行贸易）的方式展开。唐物流入的增加（对明贸易的活跃）在一定程度上使得15世纪后半叶的朝鲜奢靡之风高涨。

综合上述，朝鲜的奢侈性消费包括对中国产丝织品的热衷、对青花瓷的喜爱以及貂皮装扮的流行等。以黑龙江流域为主要产地的貂皮，在北京的流行始于15世纪60年代，在朝鲜的流行则始于70年代前后。因此，在朝鲜流行的奢侈品，基本还是通过使行贸易从明朝传播而来，这点毋庸置疑。

此外，15世纪后半叶值得注意的事项还包括，朝鲜国内奢靡之风高涨的同时，与南面邻国日本的交易也愈发活跃。作为朝鲜王朝"倭寇怀柔"政策的一环，日朝贸易始于15世纪前半叶，60年代以后大量日本人涌入朝鲜展开了活跃的贸易活动。

朝鲜与日本间的交易，包括政府间的对公贸易、商人间的对私贸易及走私贸易三种形式。作为对棉布、棉绸的交换，朝鲜方面从日本引入苏木、胡椒等东南亚物资及铜、硫黄等。在朝鲜，铜作为各种铜器及餐具的原材料，具有稳定的需求量；苏木则是珍贵的红色染料；胡椒作为药材及香料，或被用于结算对明贸易。大部分从国外流入的舶来物产，其主要消费者是汉城的王族、官僚及商人。基于这一系列事实，笔者认为15世纪后半期的朝鲜对明、对日贸易的活跃化，也与汉城的奢侈化发展同步。

（四）中世日本唐物消费的高涨

奢侈性消费兴起的现象，在同时代日本列岛的代表性事例就是唐物消费品的增多。自15世纪后半期起，唐丝从明朝江南地区大量流入日本，由此使用唐丝的高级丝织品产业开始繁荣。特别是日本应仁之乱以后，京都西阵作为锦、绫等高级丝织品的产地迅速崛起，不久便成长为全国纺织业的中心地，日本掀起一股唐丝热潮。中国产的蚕丝在15世纪中叶的日本已有很高的需求量。例如，宝德年间乘坐遣明船的外贸商人楠叶西忍曾谈及：

> 于北都王城，把本钱十文的东西，以一贯出售；以此一贯所购的货物，在南都以二贯出售；在南都以此二贯所购之物品，在明州

以三贯价钱出售。又以此三贯买蚕丝回日本,有利也。

(《大乘院寺社杂事记》,永正二年五月初四)

在遣明船贸易中,大量蚕丝被带回日本。其理由正如上文所述,蚕丝是最赚钱的高利润商品(约五至十倍的纯利润)。从这层意义而言,遣明船的入港地宁波,对于日本唐物消费市场的扩大也发挥了重要作用。

但是,在这一时期,包括蚕丝在内的唐物流入日本的主要途径,并非宁波至博多的东海路线,而是经由琉球的所谓南岛路。究其缘由,是因为15世纪中叶后的遣明船贸易进行频率十年仅一次,规模太小,未能发挥稳定获取唐物的作用。加之也有迹象表明,当时日明间直接进行的走私贸易在不断扩大。与之相对,当时的琉球留下了许多中日两国商人进行贸易往来的记录,此外,冲绳列岛还出土了大量被认定为属于这一时期的中国产陶瓷。由此可以推测,在15世纪后半叶,大量唐物经由琉球流入日本的可能性颇高。

物美价廉的唐丝作为高级织物的原材料席卷日本市场,并受到青睐。安土、桃山时期(1573年—1603年)的高级丝织品在织造过程中,唐丝被垄断使用。当然,在这一时期,不仅是唐丝,唐衣(中国产的高级丝织品)在日本列岛内也有很高的需求量,这些均从明朝源源不断地流入日本。由此,大约始于15世纪后半叶的日本大量接受唐丝的现象,象征着服饰的奢靡化,这一现象与同时代明朝及朝鲜的服饰奢靡化紧密相连。

此外,朝鲜木棉的流入和其在日本的流通,是谈及15世纪日本经济和生活文化时不可或缺的一面。14世纪中叶,朝鲜的木棉从中国移植至朝鲜半岛;15世纪前半叶的世宗时期,木棉在朝鲜半岛南部的栽培得到了迅速发展；至15世纪后半叶，除北部外朝鲜全境均普及了木棉栽培。与此同时，棉布作为大众服装衣料的地位得以确立。随着日朝贸易的活跃和棉布作为朝鲜政府的贸易支付方式，日本对棉布的需求和进口量急剧增加。于是，为寻求当时日本稀缺的宝贵棉布，许多"倭人"巧设各类真伪莫测的使节名目涌入朝鲜，据说在15世纪末期，日朝间每年的渡航船数超过100艘，盛况空前。

　　棉布不仅触感佳，而且易于染色。因此，与苎布、麻布等无法染制成鲜艳颜色的衣料不同，棉布可以根据个人喜好染成各种彩色，颇受服装布料商青睐。此外，在麻布时期，染料多为自给原料，但到棉布时期，染料的商品化进程迅速发展。因此，当时日本对朝鲜木棉需求的急剧增长，也是中世奢侈化消费的一种表现。

　　还有，从陶器消费方面也能看出当时饶有趣味的动向。14世纪后半叶至15世纪前半叶，在日本出土的中国陶器数量与之前相比大幅减少，濑户烧等日本陶器比中国陶器多，这可能是因为明朝的海禁政策导致流入日本的中国陶器数量大幅减少。但是，从15世纪后半叶起，中国陶器的出土量再次开始增加，与此同时，中国开始量产的青花碗盘也流入日本，取代了11世纪流入日本、当时已逐渐衰落的龙泉青瓷，在16世纪占据了进口陶器的主流地位。

　　当然，以青花瓷为代表的中国陶器的大量流入，刺激了日本的陶器消费，也给日本的窑业带来巨大影响。例如，15世纪后半叶，濑户烧、美浓烧模仿中国陶瓷，在开发了天目茶碗、灰釉皿等新品的同时，为满足当时日益增大的消费需求，实现了量产。不仅是濑户、美浓、备前、越前等主要窑业地也在同时期开始了量产化。在这种趋势下，"国烧"（日式茶陶）与唐物一样开始被接受，从而摆脱了以往向唐物一边倒的价值观，兼顾唐物、和物的"侘茶"美学意识逐渐形成。

上述服饰、陶器方面消费需求扩大的地区，不仅包括应仁之乱后京都、堺、奈良等畿内许多城市，还包括列岛各地的城下町、寺内町等新型都市。许多都市都有消费扩大的迹象，这也使大批武士及贵族下至地方生活。在这个过程中，以室町将军家为主导的贵族，将贵族文化、武士文化、禅宗文化相融合，形成以爱好唐物为象征的具有浓厚中国趣味的室町文化（即京都文化），体现了从对唐物的绝对偏好向尊重中式唐物、日式和物双重审美意识的转变，这种审美再逐渐传播至地方，其结果是各地产生了众多"小京都"，随后以茶道、花道为代表的都市文化开始形成。

（五）15世纪东亚的奢靡连锁现象

明朝的享乐式消费以都城北京为起点，再逐渐推移至中国沿海各地区。如果再进一步关联同时代朝鲜盛行的奢靡之风，就能发现以北京为发源地的奢靡传播现象不仅只在明朝版图内，还跨越国境，蔓延至朝鲜半岛。换言之，随着15世纪六七十年代北京奢靡之风的高涨，各类物产从中国各地流入北京，且价格便宜。对于自古就对唐物具有很高需求的朝鲜意味着获取唐物的机会增多。随着中国沿海地区各城市消费市场的活跃，中朝间贸易也随之活跃，也引发了朝鲜的享乐式消费现象。对于朝鲜半岛奢靡之风的高涨，虽然过去学者多从朝鲜内部的经济动向（农业生产力及商品经济的发展等因素）来阐释，但如前所述，国际方面的契机也是其中的重要原因。

同样，也不能孤立地看待同时代日本的奢靡化现象。鉴于15世纪后半期以来，在日本广受热捧、带动都市消费扩大的是来自明朝的唐丝、青花瓷等唐物以及来自朝鲜的木棉等，因此对日本的奢靡之风进行各方面综合考察才更为合理。

而且，并非只有中国经济单方面影响日本及朝鲜的消费动向。日本与朝鲜在15世纪后半期以后贸易的扩大，也对两国的奢靡之风高涨发挥了巨大作用。换言之，各地域间相互交流的深化，才使东亚广大地区奢靡之风的高涨这一共时现象成为可能。因此，对于15世纪后半期中国、朝鲜和日本的奢靡化现象，绝不能视作同时期发生在各地的偶发事件，这是在东亚层面上展开的一种联动现象，需在更广泛的语境下加以理解。

（六）宁波与东亚

最后，让我们将视线再度转回本节开篇所涉及的14、15世纪的宁波经济。如前所述，15世纪的明日贸易，规模较小，除官方的贸易往来外，没有活跃开展走私贸易的痕迹。因此，在日本遣明船交易（以约十年为周期）几乎是国际贸易唯一机会的明朝前半期，宁波的对外贸易也相当低调。这是宁波经济萧条的原因之一。而15世纪后半叶以来，中国东南沿海地区的走私贸易日益活跃，宁波成为走私贸易船只的主要出海地；至16世纪前半叶，宁波近海的双屿岛已成为走私贸易的一大据点。

15世纪后半叶，宁波内外的经济同时开始复苏。地处狭小腹地的宁波，相较本地产业，对国际贸易及远距离交易带来的商品流通依存度更高，因此经济受外在因素影响更大。宁波内外经济动向的同步性，可以让我们重新认识到这一时期宁波地区的经济成长也是东亚范围内经济变动的其中一环。

此外，本节所探讨的15世纪后半叶东亚经济的变动，不是在东亚层面就能考察完结。究其缘由，是因为明朝通过经济交易与东南亚建立了联系。正好这一时期东南亚也开始了被称为"交易时代"的经济繁荣期。因此可以推测，东亚经济的发展与东南亚以及与此有活跃经济往来的欧亚大陆许多地区的经济动向都具有密切关联。

（大田由纪夫）

专　栏　宁波英雄张煌言

中国曾有一位名为张煌言（1620年—1664年，号苍水）的武将。他出身鄞县，屡次与清军作战，是为复兴明王朝而奋斗终生的明末抗清英雄之一（见图3.8）。提及这一时期的英雄，被称为"国姓爷"的郑成功（1624年—1662年）在日本的知名度肯定更高，但在中国，张煌言的知名度并不亚于前者，甚至在宁波或者说整个浙江范围内张煌言似乎更有声望。如今在宁波市内，有以其号命名的"苍水街"，其故居经过修复，作为"张苍水纪念馆"（见图3.9）对外开放。这栋被指定为"爱国主义教育基地"的建筑，位于宁波市中心的中山广场内。

图3.8　张煌言像　　　　　图3.9　张苍水纪念馆

曾有一位名为全祖望的思想家，与张煌言出生于同一片土地，但比其晚出生80余年。作为著名思想家、学者的全祖望，留下了为数众多有关宁波地域历史的记录。不过，当笔者写下"著名"两字时略感惶恐，赶紧打开维基百科确认，确实马上就能搜索到"全祖望"这一词条，果然就是"著名"。然而，维基百科中对"全祖望"的词条解释内容非常不准确（截至2012年10月2日）。正因为有全祖望，才留下了与张煌言相关的传记，对其而言，张煌言是特别的存在。究其缘由，是因为张煌言是全祖望的远亲。说得再精确一点，与张煌言的女儿结婚的全某，与全祖望高祖是兄弟关系。笔者不清楚对于如此远的亲属关系该如何称呼，现有资料显示全祖望称张煌言的女儿为"先伯母"或"族母"，好像是从她那里直接了解到其父张煌言的相关信息。

> 吾乡传张督师画像者颇多，其遗集卷首亦有之，而神气骨相各不同。先伯母自黄岩归，予以叩之。则曰："无一肖者。尝闻先公于甲辰钱塘狱中，曾写一像，当有存者。汝盍访之！"予乃贻书访之万九沙先辈，而九沙曰："有之。"因摹寄焉。先伯母曰："是已。"予遂取姚江黄先生之志、杨征士遴之记及吴农祥传读于旁。先伯母曰："惟《吴传》舛戾无可信者。然吾所记轶事，虽耄忘十九，尚有足以补黄、杨之缺，汝其识之！"

这是全祖望文章《张督师画像记》的开篇。用现代的词来解释，即全祖望以"走访调查"的形式，"记录"了这位老夫人的"记忆"。在文章的结尾处，全祖望记录道：

> 先伯母之所传如此。是时年八十矣，牙齿俱脱。悬画像于房，喃喃然且泣且语，每语又于邑，闻者皆泣下。而督师之须眉，亦浮动纸上。予时年十八，据舷而听，听已即记之，然其文草草未就也。未几，先伯母返黄岩，逾年而卒。

全祖望听到上述内容的年龄，在其他文章中记载为16岁，虽与上文略有出入，但并无伤大雅。在这个多愁善感的年纪，听闻这等乡土英雄的逸事，恐怕一辈子都难以忘怀。此后，全祖望撰写了张煌言传记，并制成年谱。

此外，全祖望向"万九沙先辈"询问肖像画所在也有其缘故。万九沙，即万经，是著名学者万斯大之子。万斯大，就是当年将被清军逮捕在杭州处以极刑的张煌言的遗骸葬于杭州南屏山的志士之一。另外，张煌言之墓位于杭州南屏山麓（见图3.10、图3.11），此处隔着西湖可以遥望宋朝岳飞与明朝于谦之墓，此为遵从敬仰这两位武将的张煌言遗愿，故将其墓建于此处。虽然岳飞和张煌言并非杭州出生，但基于上述缘故，此三人被称为"西湖三杰"。

图3.10 张煌言墓墓道

图3.11 张煌言墓

想去杭州市内探访至今尚存的张煌言墓的读者，可以顺道去"章炳麟纪念馆"。这个纪念馆的深处，就是章炳麟之墓，与张煌言墓毗邻。

文中突然出现章炳麟的名字，也许会有读者觉得突兀。但是，张煌言与章炳麟两人有着很深的渊源。清末提倡民族主义的政治主张、对辛亥革命产生巨大影响的章炳麟，颇为崇拜张煌言，两者之墓相毗邻，也是出于这个原因。此外，章炳麟生前还刊行了张煌言的诗文集。1985年上海古籍出版社出版的《张苍水集》"出版说明"中提及：

> 张煌言的诗文集在有清一代，悬为厉禁，仅有手抄稿本，流传不广……张煌言的诗文，第一次正式刊印，是1901年章太炎根据甬上张氏的抄本排印的本子。接着，就是经过黄节仔细的校勘编订而在1909年由国学保存会刊行的本子。……最后是1934年刊行于《四明丛书》中的本子。

最后还需补充，张煌言的诗文集也由宁波出版社出版。

尽管张煌言是被处以极刑的方式消逝于世，但他的故事却被人们口耳相传，他的名字也留在了历史长河中。如今我们还能亲自探访张煌言之墓，也能在图书馆查阅其诗文集（当然，如果购买了该书就能随时查阅）。也许随着老夫人的逝去，与张煌言相关的记忆就会消失于历史的黑洞中，但多亏有其同族中的热心青年，这段记忆才得以被记录下来。这样的记忆与记录，最终会成为能被许多人所看到的"遗迹"。正如本文开篇所述，张煌言纪念馆位于宁波市中心的中山广场内。尽管周边的各类建筑均被相继拆除，只有张煌言故居被完整保存下来，这就是张煌言生活过的印记。杭州的张煌言墓也是如此，他的墓是为能遥望其所景仰的武将墓而建，又毗邻敬慕他的革命家之墓，至今仍然保持着这般样貌。由此可见，记忆、记录与纪念具有同根同源的空间。

所谓文化，大概就是这样形成并保存下来的。当然，这并非单纯意义上的"形成"或"保存"，其中也会介入许多"构建""改变"的成分。能清楚地认识到这一点，我们就应该寄予期望并真诚面对那些具有强烈意愿想传承历史的人们。

（早坂俊广）

参考文献

序 言

[1] 乐承耀,《近代宁波商人与社会经济》,人民出版社,2007年.

[2] 阿部安成、見市雅俊、森村敏己、小関隆、光永雅明『記憶のかたち——コメモレイションの文化史』柏書房、一九九九年.

[3] 臼井隆一郎、高村忠明編『記憶と記録』(シリーズ言語態四)東京大学出版会、二〇〇一年.

[4] 榎本渉『東アジア海域と日中交流——九—十四世紀』吉川弘文館、二〇〇七年.

[5] 斯波義信『中国都市史』東京大学出版会、二〇〇二年.

[6] 斯波義信「港市論——寧波港と日中海事史」荒野泰典、石井正敏、二井章介編『アジアのなかの日本史Ⅲ 海上の道』東京大学出版会、·九九二年.

[7] 林佳世子、桝屋友子編『記録と表象——史料が語るイスラーム世界』(イスラーム地域研究業書八)東京大学出版会、

二〇〇五年.

[8] 弘末雅士『東南アジアの港市世界——地域社会の形成と世界秩序』岩波書店、二〇〇四年.

[9] 山崎覚士「港湾都市、杭州——九・一〇世紀中国沿海の都市変貌と東アジア海域」『都市文化研究』二、大阪市立大学大学院文学研究科都市文化研究センター、二〇〇三年.

[10] 若尾裕司、羽賀詳二編『記録と記録の比較文化史——史誌・記念碑・郷土』名古屋大学出版会、二〇〇五年.

第一章

[11] 黄裳，天一阁被劫书目前记，《文献》第一辑，书目文献出版社，1979年.

[12] 金恩辉，胡述兆主编，《中国地方志总目提要》，汉美图书有限公司，1996年.

[13] 计文渊编，《王阳明法书集》，西泠印社，1996年.

[14] 吴光，钱明，董平等编校，《王阳明全集》(新编本)，浙江古籍出版社，2010年.

[15] 吴光，钱明，董平，等编校，《王阳明全集》，上海古籍出版社，1992年.

[16] 吴震，《王守仁佚文论考——就京都大学所藏王阳明著作而谈》，《学人》第一辑，江苏文艺出版社，1991年.

[17] 蔡佩玲，范氏天一阁研究，汉美图书有限公司，1991年.

[18] 诸焕灿，飞岚回带峙五桂——浙东藏书楼五桂楼考略，中国典

籍与文化，2000年.

[19] 钱茂伟，《国家、科举与社会——以明代为中心的考察》，北京图书馆出版社，2004年.

[20] 戴光中，《天一阁主——范钦传》，浙江人民出版社，2006年.

[21] 陈荣捷撰，《王阳明传习录详注集评》（修订再版），台湾学生书局，1988年.

[22] 陈长文，《明代科举文献研究》，山东大学出版社，2008年.

[23] 张寿镛，《约园杂著》《约园杂著续编》《约园杂编三篇》，民国丛书第四篇　影印本，上海书店出版社，1992年.

[24] 张寿镛，《约园著作选辑》，张芝联编，中华书局，1995年.

[25] 鹤成久章，《天一阁〈明代登科录〉大型藏书之谜——兼论传入日本的〈明代登科录〉》，《科举与科举文献国际学术研讨会论文集》，天一阁博物馆编，上海书店出版社，2011年.

[26] 陈福康，《郑振铎日记全编》，山西古籍出版社，2006年.

[27] 范凤书，《中国私家藏书史》，大象出版社，2001年.

[28] 骆兆平，《天一阁丛谈》，中华书局，1993年.

[29] 骆兆平，《书城琐记》，上海古籍出版社，1999年.

[30] 骆兆平编，《新编天一阁书目》，中华书局，1996年.

[31] 骆兆平编，《天一阁藏书史志》，上海古籍出版社，2005年.

[32] 青山定雄「唐宋時代の交通と地誌地図の研究」吉川弘文館、一九六三年.

[33] 伊原弘「宋代明州における官戸の婚姻関係」『大学院研究年報』創刊号、中央大学、一九七二年.

[34] 伊原弘「『四明業書』別集解題」『青波』二号、特定領域研究「東アジア海域交流」総括班秘書組、二〇〇七年.

[35] 大野晃嗣「最近の明代官僚制研究」『中国史学』第十三巻、朋友書店、二〇〇三年.

[36] 大野晃嗣「明代の進士観政制度に関する考察」『東北大学文学研究科研究年報』第五六号・別冊、二〇〇六年.

[37] 小野和子『留書』の思想『明末清初期の研究』京都大学人文科学研究所、一九八九年.

[38] 小林晃「鄭真輯『四明文献』の史料価値とその編纂目的」『北大史学』四九、二〇〇九年.

[39] 島田虔次『中国革命の先駆者たち』筑摩書房、一九六五年.

[40] 須江隆「宋代地誌序跋文考（二）――乾道『四明図経』の史料性に関する二、三の考察」『人間科学研究』第六号、日本大学生物資源科学部人文社会系研究紀要、二〇〇九年.

[41] 須江隆編『碑と地方志のアーカイブズを探る』(東アジア海域業書　六) 汲古書院、二〇一二年.

[42] 鶴成久章「明代の『登科録』について」『福岡教育大紀要』第五四号、二〇〇五年.

[43] 鶴成久章「明・張朝瑞撰『皇明貢挙考』の資料価値について」『大阪市立大学東洋史論業』別冊特集号『文献資料学の新たなる可能性②』、二〇〇七年.

[44] 鄭振鐸著、安藤彦太郎、斎藤秋男訳『書物を焼くの記――日本占領下の上海知識人』岩波書店、一九五四年.

[45] 中嶋敏『明代進士登科録考』『東洋史学論集　続編』汲古書院、二〇〇二年.

[46] 永冨青地『王守仁著作の文献学的研究』汲古書院、二〇〇七年.

[47] 安岡正篤監修『王陽明全集』明徳出版社、一九八三―

一九八七年.

[48] 山井湧『黄宗羲』講談社、一九八三年.

[49] Ihara Hiroshi.The World of the Changzhou Xian-zhe Yishu:The Jiangnan Elite from the 11th to 13th Century[C].中国文化大学 国际宋史研讨会论文集，1988.

[50] Elman, Benjamin A. A Cultural History of Civil Examinations in Late Imperial China[M]. California: University of California Press, 2000.

第二章

[51] 王永健,《全祖望手书对联初探——纪念全祖望诞生三百周年》,浙东文化集刊，2005年.

[52] 欧阳光,《宋元诗社研究丛稿》,广东高等教育出版社，1996年.

[53] 宁波市政协文史资料委员会,《宁波文史资料》,宁波出版社，2000年.

[54] 虞浩旭,《书院圣地 白云庄》,宁波出版社，2003年.

[55] 王应麟著,《四明文献集》(外二种),张骁飞点校,中华书局，2010年.

[56] 陈训慈,方祖猷《万斯同年谱》,香港中文大学出版社，1991年.

[57] 小野和子「清初の講経会について」『東方学報』第三六号、京都大学人文科学研究所、一九六四年.

[58] 倉員正江「『舜水朱氏談綺』編纂をめぐって——『大日本史編纂記録』を資料として」『融合文化研究』第四号、国際融合文化学会、二〇〇四年.

[59] 近藤一成「鄞県知事王安石と明州士人社会」(『宋代中国科挙社会の研究』所収).

[60] 近藤一成『宋代中国科挙社会の研究』汲古書院、二〇〇九年.

[61] 近藤一成「宋代中国士人社会研究の課題と展望——明州寧波士人社会と豊氏一族」早稲田大学アジア研究業書『アジア学のすすめ　第三巻　アジア歴史・思想論』弘文堂、二〇一〇年.

[62] 佐藤浩一『杜詞詳註』伝本三種『中国古籍流通学の確立』雄山閣、二〇〇七年.

[63] 高橋哲哉『記憶のエチカ——戦争・哲学・アウシュヴィッツ』岩波書店、一九九五年.

[64] 中砂明徳『江南——中国文雅の源流』講談社選書メチエ、二〇〇二年.

[65] 野上俊静『元史釋老傳の研究』朋友書店、一九七八年.

[66] 早坂俊廣「寧波における知の営みとその伝統」『信大史学』第三三号、信大史学会、二〇〇八年.

[67] 平岡武夫『豊坊と古書世学』上・下『東方学報　京都』十五—三・四、一九四六、四七年(『経書の伝統』岩波書店、一九五一年所収).

[68] 牧田諦亮『策彦入明記の研究』上・下、法蔵館、一九五九年.

[69] 松崎哲之「消えた元王朝——万斯同の『庚申君遺事』について」『筑波大学中国文化論業』第一八号、筑波大学中国文化研究プレジェクト、一九九九年.

[70] 松丸道雄ほか編『世界歴史大系　中国三』山川出版社、一九九七年.

[71] 村上哲見『中国文人論』汲古書院、一九九四年.

[72] 森田憲司『元代知識人と地域社会』汲古書院、二〇〇四年.

[73] 森田憲司碑文（中国の）『歴史学事典』弘文堂、二〇〇八年.

[74] 吉川幸次郎『吉川幸次郎全集：決定版』第25巻 筑摩書房、一九八六年.

第三章

[75] 冈西为人.宋以前医籍考 第二版[M].台北：古亭书屋，1969.

[76] 巫仁恕.品味奢华——晚明的消费社会与士大夫[M].台北：联经出版公司，2019.

[77] 梁峻.中国古代医政史略[M].呼和浩特：内蒙古人民出版社，1995.

[78] 荒木和憲『中世対馬宗氏領国と朝鮮』山川歴史モノグラフ一二、二〇〇七年.

[79] 榎本渉『僧侶と海商たちの東シナ海』講談社選書メチエ四六九、二〇一〇年.

[80] 大田由紀夫『渡来銭と中世の経済『倭寇と『日本国王』（日本の対外関係四）吉川弘文館、二〇一〇年.

[81] 大田由紀夫「十五―十六世紀の東アジア経済と貨幣流通」『新しい歴史学のために』第二七九号、民主主義科学者協会京都支部歴史部会、二〇一一年.

[82] 岡元司「宋代明州の史氏一族と東銭湖墓群」東アジア美術文化交流研究会編『寧波の美術と海域交流』中国書店、二〇〇九年.

[83] 岡元司『宋代沿海地域社会史研究——ネットワークと地域文

化』汲古書院、二〇一二年.

[84] 小野正敏『戦国城下町の考古学――一乗谷からのメッセージ』講談社メチエ選書一〇八、一九九七年.

[85] 蔡罕（岡元司解題・訳・写真）宋代四明史氏墓葬遺跡について.井上徹、遠藤隆俊編『宋―明宗族の研究』汲古書院、二〇〇五年.

[86] 佐々木銀弥『日本中世の流通と対外関係』吉川弘文館、一九九四年.

[87] 斯波義信『宋代江南経済史の研究』訂正版、汲古書院、二〇〇一年.

[88] 謝国旗（土居智典訳）『東銭湖石刻文化の特色について『東アジア海域交流史現地調査研究――地域・環境・心性』三、にんぷろ現地調査研究部門事務局、二〇〇九年.

[89] 末柄豊室町文化とその担い手たち.榎原雅治編『一揆の時代』（日本の時代一一）、吉川弘文館、二〇〇三年.

[90] 須川英徳「朝鮮初期における経済構想」『東洋史研究』五七―三、二〇〇〇年.

[91] 鋤柄俊夫「土器と陶磁器にみる中世京都文化」『京都・激動の中世――帝と将軍と町衆と』京都文化博物館、一九九六年.

[92] 瀬川昌久『族譜――華南漢族の宗族・風水・移住』風響社、一九九六年.

[93] 瀬戸哲也ほか『沖縄における貿易陶磁研究』『中世窯業の諸相――生産技術の展開と編年』（補遺編）全国シンポジウム『中世窯業の諸相――生産技術の展開と編年』実行委員会、二〇〇五年.

[94]田川孝三『李朝貢納制の研究』東洋文庫、一九六四年.

[95]竺沙雅章『宋元仏教文化史研究』汲古書院、二〇〇〇年.

[96]永原慶二『新・木綿以前のこと』中央公論社、一九九〇年.

[97]早俊坂廣「場所の記憶／全祖望の記録」『中国——社会と文化』第二七号、二〇一二年.

[98]宮下三郎「宋元の医療」藪内清編『宋元時代の科学技術史』京都大学人文科学研究科、一九六七年.

[99]村井章介『中世倭人伝』岩波新書、一九九三年.

[100]李広志「中国における葬送儀礼——寧波地域を例として」東アジア地域間交流研究会編『から船往来——日本を育てたひと・ふね・まち・こころ』中国書店、二〇〇九年.

[101]李泰鎮（六反田豊訳）『朝鮮王朝社会と儒教』法政大学出版局、二〇〇〇年.

[102]リード（平野秀秋、田中優子訳）『拡張と危機——大航海時代の東南アジア二』法政大学出版局、二〇〇二年.

[103]廖咸恵（上内健司訳）「墓葬と風水——宋代における地理師の社会的位置」『都市文化研究』一〇、大阪市立大学大学院文学研究科都市文化研究センター、二〇〇八年.

[104]渡邊欣雄『風水の社会人類学——中国とその周辺比較』風響社、二〇〇一年.

[105]朴平植「朝鮮初期の対外貿易政策」『韓国史研究』一二五、二〇〇四年.

[106]Brown,R. The Ming Gap and Shipwreck Ceramics in Southeast Asia[J].The Siam Society,2009.

[107]Davis, Richard L. Court and Family in Sung China,960-

1279:Bureaucratic Success and Kinship Fortunes for the Shih of Ming-chou[M]. North Carolina: Duke University Press,1986.
[108]Hinrichs, T.J. The Medical Transforming of Governance and Southern Customs in Song China(960-1279 C.E.),PhD diss[M]. Cambridge: Harvard University,2003.

后　记

　　说起来似乎有点置身事外，但本书《文化之都：宁波》的命名着实有些大胆。中国的读者看到这个标题也许会觉得有点别扭，在此笔者首先想简单介绍这个标题产生的经过。本书所属系列丛书，是名为"东亚海域交流与日本传统文化的形成：以宁波为中心的观察"的共同研究项目。在该项目的开展过程中，研究者们设定了几个研究重点，其中之一就是"以宁波为中心的记录保存社会文化史"，在共同研究的过程中，围绕这一主题的研讨会共开展四次。正如本系列丛书第一卷后记中所述，有了科学研究经费补助金作为强有力后盾，才得以举办上述研讨会，在此一并表示感谢。

　　本书集合了研讨会上的许多成果，主题设定中原本包含了"记录保存"这一词。在研究的萌芽阶段，本书已经具备了"记录保存"这一鲜明的问题意识，该缘由在序言中已进行过详细阐述，在此不再赘言，这一问题意识既是本书的特征，也是本书的局限。然而，在出版计划的推进过程中，有编辑提出异议，认为"记录保存"这个词不太适合面向一般性的读者，在"宁波的记录文化"这一命名也被驳回后，"文化之都"这个词才首次登场。说起"文化之都"，大部分读者可能会联想到洛阳、西安、北京、南京、苏州等城市，而将地方性港口城市宁波冠以这个称呼，也未免担心会有"挂羊头卖狗肉"之嫌，会不被读者所接受。但是，为了能够更清楚地表达拥有丰富文化记忆与记录的这座城市的特点，最终，我们还是选定了这个书名。尽管本书中没有出现"书法""绘画""小说"等内容，但还是以"文化之都：宁波"命名最为合适。在撰写这篇后记的过程中，笔者再次切实感受到了这点。

对学术界情况比较了解的读者，从执笔者的阵容，也许可以看出本书的另一特征。"宋代史研究会"是一个已具有超过四分之一个世纪历史的自发性研究机构，在本书的执笔团队中，有许多与该机构相关的研究者。加之前文所提及的研讨会，从企划开始之前就存在的这种关联性，赋予了本书的另一特征。本书与第一卷相比，共同研究的色彩淡薄了许多，然而，本书如果能保持作为丛书的统一性及学术的高水准性，主要得益于双方间的长期有效合作。如期收到期待的稿件，身为编者却基本没有什么用武之地，这反而值得高兴和自豪。当然，出于编者的责任，笔者也曾向各位执笔者提出过各类刁钻难题，要求其对应修改，尽管如此，直至最后各位执笔者均没有辜负当初"这个题目就托付给您了"的这种期待。

尽管上文两次提到了"编者"一词，但撰写这篇后记的笔者，只拥有四分之一的份额使用这一权利。本书的另外三位编者，是须江隆、高津孝、平田茂树。由于四人中年纪最小从而承担"跑腿"任务的笔者（在中国一年的研究休假也是相当开心），尽管名字出现在编者一栏，但本书实际是四人的共同编辑。希望读者能理解这点，不要将赞美之词寄给笔者，而将批评意见均留给了其他编者。

如序言中所述，本书是系列丛书第三卷图书《从宁波到日本》的姊妹篇。如要用"兄弟"来形容的话，先出版的本书则为"弟"。关于这点，笔者无论如何都想阐述其详情。第三卷图书原本由已故的冈元司担任编辑，对笔者来说，冈氏是大学、研究生时代的学长。主攻中国史的冈元司，与主攻中国哲学的笔者，尽管意见上有许多分歧，但至少对于笔者而言，如果没有和冈学长多年的学术交流，根本无法想象自己现在的研究活动。在策划本系列丛书的过程中，对于同样以"宁波"为主轴的两卷书之间如何进行差异化、如何分工等问题，笔者与冈学长进行了多次讨论。在本系列丛书的进行过程中，英年早逝的冈学长原本应该是本书最强有力的批评家。笔者希望能直截了当地听到他的"抱怨"，然而这成为唯一的遗憾。

本系列丛书名为"划向东亚海域"，这一名字在部分人看来也许像无稽之谈的玩笑，本书则是"海域"色彩最为薄弱的一卷。然而，笔者希望阅读本书的读者，能够产生横跨东亚海域前往宁波这座城市探寻一二的意愿。在宁波那座城市到处留下了能引发我们思考的各类历史痕迹（"记忆"与"记录"）。诗人茨木则子在文章《内海》（收录于《一根茎之上》）中，大致讲述了以下内容：当我正对地图，从大陆的另一侧看向日本时，不禁愕然。从大陆的另一侧眺望，日本海宛若内海或湖水，而日本列岛则像对岸的堤坝。在感受固有观念被粉碎的快感时，也为自己从未将地图翻转过来观察而感慨。对于即将读完本书的读者而言，从"昔日的宁波"来看"今日的日本"，究竟是怎样一番景象呢？

2012年末 于信浓国

早坂俊广

笔者一览

（按日语五十音排序）

笔者信息以2013年日文原书出版时为准

伊原弘
研究领域为中国社会史

大田由纪夫
鹿儿岛大学法文学部教授
中国近世史

仓员正江
日本大学生物资源科学部教授
日本近世文学

近藤一成
早稻田大学文学学术院教授
中国宋代史、中国文化史

佐藤浩一
东海大学外国语教育中心讲师
中文教育、中国文学、日本汉学

须江隆
日本大学生物资源科学部教授
中国近世史

高津孝
鹿儿岛大学法文学部教授
中国文学

陈捷
国文学研究资料馆研究部副教授
中日文化交流史、中国文献学

鹤成久章
福冈教育大学教育学部教授
中国哲学

艾提婕（TJ Hinrichs）
康奈尔大学历史学部副教授
中国医学史、中国地域史

永富青地

早稻田大学理工学术院教授

中国近世思想、文化史

早坂俊广

信州大学人文学部副教授

中国哲学

平田茂树

大阪市立大学大学院文学研究科教授

中国宋代史

水口拓寿

武藏大学人文学部副教授

中国思想史

森田宪司

奈良大学文学部教授

中国近世社会文化史

编者

早坂俊广

信州大学人文学部副教授

中国哲学

监修

小岛毅

东京大学院人文社会系研究科教授

中国思想史

译者的话

2005年，日本文部科学省批准了一项特定领域研究项目，该项目名称为"东亚海域交流与日本传统文化的形成：以宁波为中心的观察"（简称"宁波计划"）。该项目的名称直接体现了宁波在日本传统文化形成过程中的重要作用，这也是宁波古代对外交流的真实写照。"宁波计划"已出版20多卷，《文化之都：宁波》就是其中一卷。

宁波是海上丝绸之路的始发港之一，又是中国大运河连接内陆与海洋之间的枢纽地。正因为拥有这样独特的政治及地理优势，所以，它在世界港口城市中显得格外令人瞩目。

宁波海丝文化出现的时间久，对外传播的范围广，影响巨大，在东亚历史上独占鳌头。经由宁波传播到海外的中华文化既有物资层面的，也有精神层面的，包括丝绸、瓷器、佛教、文学、艺术和饮食等，同时也伴随着大批的人员往来。自唐代起，宁波就已成为通往日本和新罗海道的重要启碇港，将当时先进的文化、制度、汉字及书籍等传播到海外。在历时千年的宋元明清时期，宁波更是发挥内河与海路的双重职能，成为中国对外贸易及文化输出的重要口岸，在世界文明史上留下了不朽篇章。即便当代，宁波文化仍然以独特魅力在东亚地区绽放光芒，2016年宁波市荣获"东亚文化之都"殊荣。

通过宁波传播的中国文化，在日本产生了巨大影响，最终成为日本文化的一部分。时至今日，含有宁波元素的佛教、艺术、建筑和习俗等都已融入日本文化中。千百年来，在宁波的历史舞台上，中日两国展开了跨越时空的文化交流。

自遣唐使以来，宁波与日本间演绎出了许多动人的故事。唐诗之路上的日本遣唐使，与浙东文人结下深厚友谊，留下许多美丽的诗篇。宋代的宁波与日本，人文交流呈多样化形态，在宁波地区流传着许多美好故事，用两个字概括为"宋韵"。明代的宁波，成为中日贸易和船舶停靠的唯一口岸，日本朝贡使团到达宁波后，市舶司对其进行验货，并连同其他政府部门负责接待工作，使团在宁波接触的机构除定海县相关部门外，主要有宁波府、市舶司、市舶码头、市舶库、嘉宾馆、四明驿、安远驿等。

如今，漫步于宁波街头，随处可见中日交流的遗迹，例如：天封塔、唐天宁寺塔、最澄入唐上岸圣迹碑、（宋）天妃宫遗址、道元禅师入宋纪念碑、南宋明州佛画绘制地车桥街、石板巷、延庆寺、宋景福律寺遗址、四明驿遗址、鼓楼、永丰库遗址、五台巷等。此外，古明州城外的天童寺、阿育王寺、七塔禅寺、大慈禅寺、奉化雪窦寺等今存寺院，都留下了许多日本僧侣的足迹。

宁波的魅力究竟何在？本书汇聚了日本学界前沿性学者的研究成果，他们以独特的视角挖掘宁波的文化底蕴。全书以天一阁为开篇，对书籍文化、文人记忆、地方文物等展开深入探究。内容从宋代至清代，对宁波代表性的乡士及文人进行多角度解析，例如，史氏家族、丰氏一族、王应麟、王阳明、范钦、黄宗羲、全祖望等，部分宁波历史文化名人形象跃然纸上。

本书视角为日本学人眼中的宁波，现在我们把这一新研究成果介绍给读者，但因水平有限，表达不妥之处在所难免，望方家批评指正。

最后，本次译作的顺利推进，得益于"海外宁波学"译丛的鼎力支持。我们衷心感谢宁波市委宣传部、宁波市社会科学院、浙大宁波理工学院（宁波市东亚文化研究中心）以及浙江大学出版社等单位的慷慨支持。作为首批成果的贡献者，我们满怀期待并诚挚祝愿"海外宁波学"译丛能够蓬勃发展，未来结出更加丰硕的学术之果。

李广志、蔡蕾

2024年5月